D1332910

FERDINAND VON SCHIRACH

STRAFE

STORIES

btb

Sollte diese Publikation Links auf Webseiten Dritter enthalten,
so übernehmen wir für deren Inhalte keine Haftung,
da wir uns diese nicht zu eigen machen, sondern lediglich auf
deren Stand zum Zeitpunkt der Erstveröffentlichung verweisen.

Verlagsgruppe Random House FSC® N001967

1. Auflage
Genehmigte Taschenbuchausgabe November 2019
btb Verlag in der Verlagsgruppe Random House GmbH,
Neumarkter Str. 28, 81673 München
Copyright © 2018 Ferdinand von Schirach
Die gebundene Ausgabe erschien im
Luchterhand Literaturverlag, München.
Umschlaggestaltung: semper smile, München
nach einem Entwurf von buxdesign | München
unter Verwendung eines Motivs von
© schnee von gestern/photocase.de
Autorenfoto: Michael Mann © Ferdinand von Schirach
Druck und Einband: GGP Media GmbH, Pößneck
Klü · Herstellung: sc
Printed in Germany
ISBN 978-3-442-71893-1

www.btb-verlag.de
www.facebook.com/btbverlag

Wenn alles still ist, geschieht am meisten.

Søren Kierkegaard

Die Schöffin

Katharina wuchs im Hochschwarzwald auf. Elf Bauernhöfe auf 1100 Meter Höhe, eine Kapelle, ein Lebensmittelgeschäft, das nur montags geöffnet hatte. Sie wohnten im letzten Gebäude, einem dreistöckigen Hof mit heruntergezogenem Dach. Es war das Elternhaus ihrer Mutter. Hinter dem Hof war der Wald und dahinter waren die Felsen und dahinter war wieder der Wald. Sie war das einzige Kind im Dorf.

Der Vater war Prokurist einer Papierfabrik, die Mutter Lehrerin. Beide arbeiteten unten in der Stadt. Katharina ging nach der Schule oft zur Firma des Vaters, sie war damals elf Jahre alt. Sie saß im Büro, wenn er über Preise, Rabatte und Liefertermine verhandelte, sie hörte bei seinen Telefonaten zu, er erklärte ihr alles so lange, bis sie es verstand. In den Ferien nahm er sie mit auf Geschäftsreisen, sie packte seine Koffer, legte seine Anzüge raus und wartete im Hotel, bis er von den Terminen zurückkam. Mit dreizehn war sie einen halben Kopf größer als er, sie war sehr schmal, ihre Haut hell, ihre Haare fast schwarz. Ihr Vater nannte sie Schneewittchen, er lachte, wenn jemand sagte, er habe eine sehr junge Frau geheiratet.

Zwei Wochen nach Katharinas vierzehntem Geburtstag schneite es das erste Mal in diesem Jahr. Es war sehr hell und sehr kalt. Vor dem Haus lagen die neuen Holzschindeln, der Vater wollte das Dach noch vor dem Winter ausbessern. Wie jeden Morgen fuhr sie mit der Mutter zur Schule. Vor ihnen war ein Lastwagen. Die Mutter hatte den ganzen Morgen nicht gesprochen.

»Dein Vater hat sich in eine andere Frau verliebt«, sagte sie jetzt. Auf den Bäumen lag Schnee und auf den Felsen lag Schnee. Sie überholten den Lastwagen, auf der Seite stand »Südfrüchte«, jeder Buchstabe in einer anderen Farbe. »In seine Sekretärin«, sagte die Mutter. Sie fuhr zu schnell. Katharina kannte die Sekretärin, sie war immer freundlich gewesen. Der Vater hatte ihr nichts gesagt, nur daran konnte sie noch denken. Sie drückte ihre Fingernägel in die Schultasche, bis es weh tat.

Der Vater zog in ein Haus in der Stadt. Katharina sah ihn nicht mehr.

Ein halbes Jahr später wurden Bretter vor die Fenster des Hofs genagelt, das Wasser wurde aus den Rohren gelassen und der Strom abgestellt. Die Mutter und Katharina zogen nach Bonn, dort lebten Verwandte.

Katharina brauchte ein Jahr, um sich den Dialekt abzugewöhnen. Für die Schülerzeitung schrieb sie politische Aufsätze. Als sie sechzehn war, druckte eine lokale Tageszeitung ihren ersten Text. Sie beobachtete sich bei allem, was sie tat.

Weil sie das beste Abitur gemacht hatte, musste sie in der Aula der Schule die Abschlussrede halten. Es war ihr unangenehm. Später, auf der Party, trank sie zu viel. Sie tanzte mit einem Jungen aus ihrer Klasse. Sie küsste ihn, sie spürte seine Erektion durch die Jeans. Er trug eine Brille aus Hornimitat und hatte nasse Hände. Manchmal hatte sie an andere Männer gedacht, selbstbewusste, erwachsene Männer, die sich nach ihr umgedreht und gesagt hatten, sie sei hübsch. Aber sie waren ihr fremd geblieben, zu weit weg von dem, was sie kannte.

Der junge Mann fuhr sie nach Hause. Sie befriedigte ihn im Wagen vor ihrer Wohnung, während sie an die Fehler in ihrer Rede dachte. Dann ging sie nach oben. Im Badezimmer schnitt sie wieder mit der Nagelschere in ihr Handgelenk. Es blutete stärker als sonst. Sie suchte einen Verband, Fläschchen und Tuben fielen in das Waschbecken. »Ich bin beschädigte Ware«, dachte sie.

Nach dem Abitur zog sie mit einer Schulfreundin in eine Zweizimmerwohnung und begann Politikwissenschaften zu studieren. Nach dem zweiten Semester bekam sie eine Stelle als studentische Hilfskraft, am Wochenende jobbte sie als Unterwäschemodell für Kaufhauskataloge.

Im vierten Semester machte sie ein Praktikum bei einem Landtagsabgeordneten. Er stammte aus der Eifel, seine Eltern hatten dort ein Modegeschäft. Es war seine erste Wahlperiode. Er sah aus wie eine ältere Version ihrer bisherigen Freunde, noch ganz mit sich selbst beschäftigt, mehr Junge als Mann, er war klein und stämmig, ein rundes, freundliches Gesicht. Sie glaubte nicht an seine politische Karriere, aber sie sagte es nicht. Auf der Fahrt durch seinen Wahlbezirk stellte er sie seinen Freunden vor. Er ist stolz auf mich, dachte sie. Beim Abendessen besprachen sie seinen Auftritt für den nächsten Tag, er beugte sich über den Tisch und küsste sie. Sie gingen in sein Hotelzimmer. Er war so erregt, dass er sofort kam. Es war ihm peinlich, sie versuchte ihn zu beruhigen.

Sie behielt ihre Wohnung, aber übernachtete jetzt fast immer bei ihm. Manchmal verreisten sie, immer nur kurz, er hatte viel zu tun. Sie korrigierte vorsichtig seine Reden, sie wollte ihn nicht verletzen. Wenn sie miteinander schliefen, verlor er die Kontrolle über seinen Körper. Es rührte sie.

Ihr Examen feierte sie nicht, sie sagte ihren Bekannten und ihrer Familie, sie sei zu müde. Ihr Freund kam spät von einer Veranstaltung, sie lag schon im Bett. Er trug die Krawatte, die sie ihm geschenkt hatte. Er hatte eine Flasche Champagner mitgebracht, öffnete sie und fragte, ob sie ihn heiraten wolle. Er stand an der Kante des Bettes. Sie müsse ja nicht gleich antworten, sagte er mit dem Glas in der Hand.

In dieser Nacht ging sie ins Badezimmer, setzte sich in der Dusche auf den Boden und ließ das heiße Wasser so lange laufen, bis ihre Haut fast verbrannte. Es wird immer da sein, dachte sie. In der Schule hatte sie es schon gekannt, damals hatte sie es Hintergrundstrahlung genannt, wie die Mikrowellen, die überall im Universum sind. Sie weinte stumm, dann wurde es besser und sie schämte sich.

»Wir sollten in der nächsten Woche zu meinen Eltern fahren«, sagte er beim Frühstück.

»Ich werde nicht mitkommen«, sagte sie.

Dann sprach sie über seine Freiheit und über ihre Freiheit und über das, was sie noch erleben wollten. Sie redete sehr lange über diese anderen Dinge, die nicht stimmten und die nichts mit ihnen zu tun hatten. Die Hitze des Hochsommertages kam durch die offenen Fenster, sie wusste nicht mehr, was richtig war und was falsch war und irgendwann gab es nichts mehr zu sagen. Sie stand auf und räumte den Tisch ab, den er gedeckt hatte. Sie war verwundet und leer und sehr müde.

Sie legte sich wieder ins Bett. Als sie hörte, dass er im anderen Zimmer weinte, stand sie auf und ging zu ihm. Sie schliefen noch einmal miteinander, so, als würde es etwas bedeuten, aber es bedeutete nichts mehr und war kein Versprechen.

Am Nachmittag packte sie ihre Sachen in zwei Plastiktüten. Sie legte seinen Wohnungsschlüssel auf den Tisch.

»Ich bin nicht der Mensch, der ich sein will«, sagte sie. Er sah sie nicht an.

Sie ging an der Universität vorbei, weiter über den verbrannten Rasen im Hofgarten und die Allee hoch bis zum Schloss. Sie setzte sich auf eine Bank und zog die Beine an, ihre Schuhe waren voller Staub. Die Kugel auf dem Dach des Schlosses glänzte oxydgrün. Der Wind drehte nach Ost, er wurde stärker und der Regen begann.

In ihrer Wohnung war es stickig. Sie zog sich aus, legte sich aufs Bett und schlief sofort ein. Als sie aufwachte, hörte sie den Regen und den Wind und die Glocken der nahen Kirche. Dann schlief sie wieder ein, und als sie erneut aufwachte, war es sehr still.

Sie begann für eine politische Stiftung zu arbeiten. Sie betreute die Gäste während der Konferenzen – Politiker, Unternehmer, Lobbyisten. In den Hotels roch es nach Flüssigseife, beim Frühstück legten die Männer ihre Krawatten über die Schulter, damit sie nicht schmutzig wurden. Später konnte sie sich nur undeutlich an diese Zeit erinnern.

Allmählich wurde es besser. Der Vorsitzende der Stiftung erkannte ihre Begabung: Die Menschen mochten sie und weil sie sich selbst ganz zurücknahm, sagten sie mehr, als sie wollten. Der Vorsitzende machte sie zu seiner Referentin, sie begleitete ihn, schrieb Pressemitteilungen, beriet ihn, schlug Taktiken vor. Der Vorsitzende sagte, sie sei sehr gut, aber sie glaubte, sie sei wertlos, eine Art Hochstaplerin, ihre Arbeit sei unbedeutend. Auf den Reisen schliefen sie manchmal miteinander, es schien dazuzugehören.

Nach drei Jahren in diesem Leben begann ihr Körper zu schmerzen. Sie verlor immer weiter Gewicht. Wenn sie frei hatte, war sie zu erschöpft, um jemanden zu treffen, jede Verabredung, jeder Anruf, jede E-Mail strengte sie an. Ihr Telefon lag nachts neben dem Bett.

Zwischen zwei Konferenzen musste sie sich einen Weisheitszahn ziehen lassen. Sie bekam einen Nervenzusammenbruch. Weil sie nicht mehr aufhören konnte zu weinen, spritzte der Zahnarzt ihr ein Beruhigungsmittel. Es wirkte zu stark, sie verlor das Bewusstsein und erwachte erst wieder im Krankenhaus.

Sie setzte sich auf, sie trug nur den Krankenhauskittel, der am Rücken offen war. Ein gelber Vorhang hing vor dem Fenster. Später kam ein Psychologe, er war ruhig und sanft. Sie sprach lange mit ihm. Er sagte, sie reagiere zu stark auf andere, sie müsse vorsichtig mit sich sein und verstehen, dass sie ein eigener Mensch sei. Es werde schiefgehen, wenn sie so weitermache.

Eine Woche später kündigte sie in der Stiftung.

Vier Monate nach ihrem Zusammenbruch rief der Vorsitzende sie an. Ob es ihr besser gehe, fragte er. Ein Unternehmen aus Berlin suche eine Pressesprecherin, er habe sie empfohlen. Es seien junge Leute, eine Softwarefirma. Vielleicht interessiere sie das ja, er wünsche ihr jedenfalls Glück.

Sie wusste, dass sie wieder arbeiten musste, die Tage hatten längst ihren Rhythmus verloren. Sie meldete sich bei der Firma, eine Woche später flog sie nach Berlin. Sie war schon oft in der Stadt gewesen, aber sie kannte nur das Regierungsviertel, die Konferenzräume, die klimatisierten Bars.

Der Geschäftsführer der Firma war jünger als sie, er hatte sehr weiße Zähne und hellblaue Augen. Er zeigte ihr, wie die App funktionierte, die seine Firma entwickelt hatte. Er führte sie durch die Räume, auch die Mitarbeiter waren sehr jung, die meisten starrten auf ihre Bildschirme.

Abends in der Pension schob sie den Sessel an das offene Fenster, zog die Schuhe aus und legte die Füße auf die Fensterbank. Die Bäume vor dem Haus leuchteten im Licht der Ampeln abwechselnd rot und grün. In einer Wohnung auf der anderen Straßenseite ging das Licht an, sie sah Bücherregale und Bilder, und auf der Fensterbank stand zwischen den Vorhängen eine blau-weiße Vase. Das Zimmer roch nach den Linden und den Kastanien vor dem Fenster und nach dem Diesel der Taxis unten vor dem Eingang.

Am nächsten Morgen flog sie zurück. Sie dachte an ihren ersten Freund und an ihre Reise damals in die Provence, dann an der Küste entlang und weiter über die Pyrenäen bis nach Spanien. Es war ihre erste große Fahrt gewesen. Der Zug war langsam gefahren, ein Halt jede halbe Stunde, Bahnhöfe, an denen niemand aus- oder einstieg. Die Rosen- und Lavendelfelder neben den Gleisen, das Land, hell und freundlich. Sie hatte ihren Kopf in den Schoß ihres Freundes gelegt, sie hatte das Meer nicht sehen können, aber immer gewusst, wo es war.

Als das Flugzeug landete, blieb sie zu lange sitzen. Jemand sagte, sie müsse die Maschine jetzt verlassen, sie nickte. Sie fror auf dem Weg durch die Flughafenhalle. Sie stieg in ein Taxi, auf dem Armaturenbrett klebten Fotos, eine Frau mit Kopftuch, ein Junge im Fußballtrikot. Der Wagen fuhr über eine Brücke, der Rhein floss breit in der Sonne.

Katharina begann in der Softwarefirma in Berlin. Die Arbeit war einfach, Pressemitteilungen, Interviews, manchmal ein Essen mit Kunden. Sie war die einzige Frau im Büro. Einmal sah sie auf einem der Bildschirme ein Foto von sich, jemand hatte ihren Kopf auf einen nackten Frauenkörper gesetzt. Manchmal versuchte ein Programmierer mit ihr zu flirten. Sie ging nicht aus, sie blieb lieber allein.

Das Schreiben des Landgerichts war auf Umweltpapier gedruckt. Sie sei für fünf Jahre zur Schöffin berufen worden, stand dort. Sie wählte die Telefonnummer auf dem Briefkopf und sagte, es sei ein Missverständnis, sie habe dafür keine Zeit. Der Mann am Telefon war gelangweilt. Sie könne versuchen, sich entbinden zu lassen, sagte er, es klang, als habe er das schon sehr oft gesagt. Sie könne das Amt ablehnen, wenn sie ein Mitglied des Landtages, Bundestages, Bundesrates oder des Europäischen Parlaments sei. Oder wenn sie Ärztin sei oder Krankenschwester. Das alles stehe im Gerichtsverfassungsgesetz, sie solle dort nachsehen. Wenn sie dann immer noch glaube, es läge ein Grund vor, könne sie einen Brief schreiben, über ihren Antrag entscheide das Gericht nach Anhörung der Staatsanwaltschaft.

Katharina fragte den Anwalt der Softwarefirma. Er sagte, sie habe keine Chance.

Am Morgen der ersten Verhandlung war sie zu früh im Gericht. Ihr Ausweis wurde kontrolliert. Sie fand den Saal nicht sofort. Ein Wachtmeister las ihre Ladung, er nickte, schloss das Beratungszimmer neben dem Verhandlungssaal auf, sie solle hier warten. Sie setzte sich an den Tisch. Später kam der Richter. Sie sprachen über das Wetter und über ihre Arbeit. Der Richter sagte, sie würden heute über eine Körperverletzung verhandeln. Der zweite Schöffe kam erst kurz vor Prozessbeginn, er war Lehrer an einer Berufsschule. Das sei schon sein fünftes Verfahren, sagte er.

Ein paar Minuten nach 9 Uhr betraten sie durch eine Seitentür den Gerichtssaal. Alle standen auf. Der Richter sagte, die Sitzung sei eröffnet, zuerst werde aber eine Schöffin vereidigt.

Dann las er Satz für Satz die Eidesformel vor, Katharina musste sie nachsprechen und dabei die rechte Hand heben, vor ihr lag ein Papier mit den Sätzen in großen Buchstaben. Danach setzten sich alle. Der Angeklagte saß neben seinem Verteidiger, ein Wachtmeister las Zeitung. Es gab keine Zuschauer.

Der Richter begrüßte den Verteidiger und den Staatsanwalt. Er fragte den Angeklagten, wann er geboren sei und wo er wohne. Der Mann war seit vier Monaten in Untersuchungshaft. Die Protokollführerin schrieb alles auf, sie saß neben Katharina. Ihre Handschrift war undeutlich.

Die Staatsanwältin stand auf und las die Anklage vor. Der Mann habe vorsätzlich seine Ehefrau am Körper verletzt. Der Verteidiger des Angeklagten sagte, sein Mandant werde sich »vorerst nicht einlassen«. Der Richter bat den Wachtmeister, die Zeugin aufzurufen.

Die Zeugin setzte sich, ihre Handtasche stellte sie auf den Boden. Sie müsse sich nicht äußern, weil sie die Ehefrau des Angeklagten sei, sagte der Richter, aber wenn sie es doch tue, müsse es die Wahrheit sein.

Es sei um die gelben Zettel gegangen, sagte die Frau. Ihr Mann habe ihr Zettel geschrieben, seit Jahren mache er das. Er habe immer einen Block in der Tasche, diese gelben Zettel, die von selbst kleben. Er habe auf die Zettel geschrieben, was sie tun sollte, während er arbeiten ging. Auf das Geschirr habe er einen Zettel geklebt, *Abspülen*, auf seine Wäsche *Reinigung*, auf den Kühlschrank *Käse* oder was sie sonst einkaufen sollte. Überall habe er diese Zettel hingeklebt. Das habe sie nicht mehr ausgehalten. Sie habe ihm gesagt, sie könne die gelben Zettel nicht mehr ertragen, sie wisse doch selbst, was sie tun müsse. Er habe nicht aufgehört und weiter Zettel geklebt. Er, der den ganzen Tag arbeite, müsse sich auch noch um den Haushalt kümmern, habe er gesagt. »Dumm wie Bohnenstroh«, das sei sein Lieblingsausdruck für sie gewesen. Sie tauge nichts, jeden Tag habe er das gesagt, sie tauge nichts.

Sie habe keine Kinder bekommen können, das habe er ihr früher vorgeworfen. Es habe viele Jahre wehgetan. Aber sie habe sich daran gewöhnt und jetzt sage er das auch nicht mehr.

Im Sommer seien sie fast immer draußen gewesen, das heißt in der Kleingartensiedlung zwischen der Autobahn und dem Flughafen. Sie hätten dort ein Häuschen. Sogar um den Garten müsse er sich kümmern, habe er gesagt. Nur einmal habe sie »von selbst« im Baumarkt blaue Blumen gekauft und im Garten eingepflanzt. Er habe sie wieder ausgegraben. Sie würden nicht passen, habe er gesagt.

Der Richter blätterte in der Akte. Ihr Mann sei schon vier Mal verurteilt worden, weil er sie angegriffen habe, das Krankenhaus habe jedes Mal die Polizei gerufen. Zuletzt habe er sie mit dem Paddel eines Schlauchbootes geschlagen. Die Strafe sei zur Bewährung ausgesetzt worden. Deshalb sei er in dieser Sache in Haft, wenn er verurteilt werde, könne die Bewährung widerrufen werden.

»Wissen Sie, wenn er trinkt, dann ist er nicht mehr er selbst«, sagte die Frau. Er sei ein guter Mann, aber das Trinken, das habe ihn verdorben.

An dem Tag, um den es gehe, hätten sie im Garten gegrillt. Die Nachbarn seien auch da gewesen. Sie habe die Würstchen auf den Grill gelegt. Ihr Mann sei mit den Nachbarn am Tisch draußen gesessen. Sie hätten geredet und Bier getrunken. Sie sei in die Küche gegangen, um Brot zu holen. Dann habe sie sich wieder an den Grill gestellt. Es sei »ganz komisch« gewesen. Sie habe ihren Mann reden hören und plötzlich seien ihr die Würstchen egal gewesen. Sie habe zugesehen, wie sie aufplatzten, wie das Fett auf die Kohle tropfte und das Fleisch verbrannte. Ihr Mann sei gekommen und habe sie angeschrien, sie sei selbst zum Grillen zu blöd, und habe ihr mit der Hand auf den Hinterkopf geschlagen. Es sei ihr egal gewesen, sie habe es kaum mitbekommen, es sei ihr einfach alles egal gewesen. Dann habe er gegen den Grill getreten. Die Kohle sei rausgerutscht und habe ihr Bein und ihren Fuß verbrannt. Die Nachbarn hätten sie ins Krankenhaus gefahren, ihr Mann sei nicht mitgekommen. Es seien nur kleine Narben geblieben. »Nichts Schlimmes«, sagte sie.

Der Richter las den Erste-Hilfe-Bericht des Krankenhauses vor. Ja, es sei alles richtig, sagte die Frau. Der Richter fragte den anderen Schöffen und Katharina, ob sie noch Fragen an die Frau hätten. Der andere Schöffe schüttelte den Kopf. Katharina war bleich, sie hatte Angst, ihre Stimme könne versagen.

»Woran haben Sie gedacht, als Ihnen alles gleichgültig wurde?«, fragte Katharina.

Die Frau hob den Kopf und sah sie an. Sie brauchte einen Moment.

»An unseren Wagen«, sagte sie. Es sei ihr erster Wagen gewesen, damals seien sie noch sehr jung gewesen, erst seit sechs Monaten verheiratet. Sie hätten den Wagen gebraucht von einem Händler gekauft, er sei viel zu teuer für sie gewesen, sie hätten einen Kredit aufgenommen. Ein hellblauer VW-Käfer mit Schiebedach und Stoßstangen aus Chrom. Am ersten Tag hätten sie ihn an der Tankstelle zusammen gewaschen und ausgesaugt und den Lack poliert. Dann seien sie schlafen gegangen und am nächsten Morgen hätten sie nebeneinander am Fenster in der Wohnung gestanden und den Wagen angesehen, der unten auf der Straße in der Sonne glänzte. Er habe seinen Arm um ihre Schultern gelegt. Daran habe sie denken müssen. Sie habe es ihm schön machen wollen, sagte sie, ein schönes Leben, sie habe für ihn da sein wollen.

Katharina sah die Frau an und die Frau sah Katharina an. Katharina begann zu weinen. Sie weinte, weil die Geschichte der Zeugin ihre Geschichte war und weil sie das Leben der Frau verstand und weil Einsamkeit in allen Dingen war. Niemand sprach mehr.

Der Anwalt stand auf, er müsse jetzt einen *unaufschiebbaren Antrag* stellen, sagte er ruhig. Der Richter nickte. Die Verhandlung wurde für eine Stunde unterbrochen.

Im Beratungszimmer sagte der Richter, der Anwalt würde Katharina wegen *der Besorgnis der Befangenheit* ablehnen. Wenn der Antrag Erfolg habe, würde der Prozess platzen, weil es keine Ersatzschöffin gebe. Der Richter setzte sich, er sah jetzt sehr müde aus.

Ob sie sich entschuldigen könne, fragte Katharina, es tue ihr so leid.

»Das nützt nichts«, sagte der Richter. »Gehen Sie einen Kaffee trinken und beruhigen Sie sich.«

Katharina und der andere Schöffe gingen in die Kantine des Gerichts. So etwas könne passieren, sagte der andere Schöffe, sie solle sich keine

Vorwürfe machen. Jemand stellte Teller und Tassen auf den Servierwagen. »Ich kann hier nicht bleiben«, sagte Katharina. Sie gingen durch die Treppenhäuser und die Flure und dann nach draußen auf die Straße.

Als die Verhandlung fortgesetzt wurde, stand der Anwalt auf und las seinen Antrag vor. Ein Richter dürfe auch Gefühle haben und sie zeigen, sagte er. Das Gesetz wolle Menschen, die über Schuld urteilten, keine Maschinen. Aber die abgelehnte Schöffin habe viel zu heftig reagiert, sie erscheine einem unvoreingenommenen Dritten nicht mehr als neutral, distanziert und unparteiisch. Es war ein komplizierter Antrag, der Anwalt zitierte viele Gerichtsentscheidungen. Immer wieder nannte er Katharina: »*die abgelehnte Schöffin*«.

Im Besprechungszimmer musste Katharina eine *dienstliche Erklärung* schreiben, drei, vier Sätze, sie sollte selbst erklären, ob sie befangen sei, sagte der Richter. Es müsse die Wahrheit sein. Das Sonnenlicht fiel durch die hohen Fenster. Der andere Schöffe trank Kaffee aus einem Plastikbecher.

Es stimme, was der Anwalt über sie gesagt habe, schrieb Katharina, sie sei befangen.

Der Haftbefehl gegen den Angeklagten wurde aufgehoben, er wurde entlassen. Vier Monate später schlug er den Kopf seiner Frau mit einem Hammer ein, sie starb auf dem Weg ins Krankenhaus. In der Zeitung war ein Bild von ihr.

Katharina schrieb einen langen Brief an die Justiz. Sie wollte von der Schöffenliste gestrichen und aus dem Ehrenamt entlassen werden.

Das Gericht lehnte den Antrag ab.

Die falsche Seite

Es war nicht weit von der S-Bahn-Station bis zum Ufer des Sees, sie wollten den Tag dort verbringen. Zuerst hörten sie nur die Fliegen. »Bleib stehen«, sagte er und hielt ihre Hand fest. Der Mann lag auf dem Gesicht. Niemand schrie und nichts veränderte sich. Die Hitze war noch da, das helle Gras und der Wind. Nur die Einzelheiten wurden schärfer, die schwarzverklebten Haare des Toten und die Fliegen, die blaugrün waren und sehr schnell.

*

Früher war Schlesinger ein guter Anwalt gewesen. »Strafverteidigung«, hatte er immer gesagt, »ist der Kampf Davids gegen Goliath.« Er hatte immer geglaubt, er stehe auf der richtigen Seite.

Lange Zeit war es gut gegangen, er hatte eine Kanzlei gegründet, war erfolgreich und bekam immer größere Fälle. Dann hatte er einen Mann verteidigt, dem vorgeworfen wurde, seine Kinder zu quälen. Er wurde freigesprochen, die Indizien reichten für eine Verurteilung nicht. Der Mann fuhr nach Hause, stopfte seinen zweijährigen Sohn in eine Waschmaschine und stellte sie an.

Schlesinger begann zu trinken. Aber er hatte viel Erfahrung, er kannte die Richter und Staatsanwälte und deshalb fiel es lange nicht auf. In den Verhandlungspausen trank er auf der Toilette Kräuterschnaps aus kleinen Flaschen. Er belog seine Mandanten, er könne sie »raushauen«, er sagte Freisprüche und milde Strafen zu. Sie glaubten ihm und gaben ihm Geld, weil er früher einen guten Ruf gehabt hatte und sie jedem glauben wollten, der ihnen die Freiheit versprach. Schlesinger stellte keine Quittungen aus und bezahlte kaum Steuern. Wenn die Prozesse schiefgingen und die Strafen zu hoch waren, warf er seinen Mandanten vor, sie seien selbst daran schuld, weil sie ihm etwas verschwiegen hätten. Eine Zeitlang kam er damit durch. Aber irgendwann fiel niemand mehr auf ihn herein, weil er zu viele Prozesse verlor und schon morgens nach Alkohol roch.

Schlesingers Frau hatte lange durchgehalten. Als sie ihm schließlich sagte, er müsse das Haus verlassen, verstand er sie. Die beiden Kinder blieben bei ihr. Auch als sie die Scheidung einreichte, machte er keinen anderen für sein Scheitern verantwortlich, das hatte er nie.

Er lebte von kleinen Fällen, von Beleidigungen unter Nachbarn, Wirtshausschlägereien und Drogendelikten – seine Mandanten waren Straßendealer, die Herointütchen im Mund hatten und sie schluckten, wenn die Polizei hinter ihnen herlief. Die Abende verbrachte er in einem schmutzigen chinesischen Restaurant. Er saß dort fast jede Nacht im Hinterzimmer und spielte Karten. Früher hatte er Spielsüchtige verteidigt, nervöse, überempfindliche Menschen, die nicht erwachsen werden wollten. Er verstand jetzt, warum sie sich nur am Spieltisch sicher fühlten. Hier waren die Regeln einfach und klar und solange das Spiel lief, gab es nur dieses Zimmer und die Karten und sonst keine Welt.

Bei den Chinesen saßen immer ein oder zwei professionelle Spieler am Tisch. Schlesinger wusste, dass er nicht gewinnen konnte. Wenn er dann später sehr klar oder sehr betrunken war, begriff er, dass er wie die anderen Süchtigen war: Er wollte verlieren.

Früher hatte Schlesinger gut ausgesehen, die

Frauen hatten ihn gemocht, aber jetzt wog er 15 Kilo zu wenig und seine Anzüge hingen an ihm herunter. Er schlief auf dem Sofa in der Kanzlei und duschte in einem winzigen Bad hinter der Teeküche. Seine Sekretärin hatte er entlassen. Er hielt sich längst für einen verkommenen Menschen.

Schlesinger stand immer noch auf der Liste der Strafverteidiger, die bei den Ermittlungsrichtern auslag. Alle drei Monate hatte er Notdienst, dann musste er erreichbar sein, falls jemand verhaftet wurde und keinen Anwalt kannte, den er anrufen konnte. Meistens klingelte das Handy nicht, und wenn doch, waren es bedeutungslose Fälle, die kein Geld brachten. Aber in dieser Nacht war es anders. Der Richter am Telefon sagte, es handele sich um ein Tötungsdelikt. Der Beschuldigten werde vorgeworfen, ihren Mann erschossen zu haben. Er, der Richter, habe vor zwei Tagen einen Haftbefehl wegen Mordes erlassen. Die Beschuldigte sei gestern Abend festgenommen worden und werde ihm in einer Stunde vorgeführt. Sie brauche einen Pflichtverteidiger. Schlesinger sagte, er würde kommen, und legte auf.

Er sah auf die Uhr, es war halb zwei morgens. Er war in seinen Kleidern eingeschlafen, sein Hemd war voller Zigarettenasche, auf dem Boden lagen leere Flaschen. Er ging ins Bad und duschte kalt. In den Kleiderstapeln auf dem Boden fand er eine Hose, und weil er kein frisches Hemd mehr hatte, zog er nur einen Rollkragenpullover an. Im McDonald's zwei Häuser neben seiner Kanzlei kaufte er einen Kaffee im Pappbecher, winkte ein Taxi heran und fuhr in die Turmstraße zum Kriminalgericht.

Schlesinger kannte den Richter seit 20 Jahren. Sie unterhielten sich über frühere Fälle, während sie warteten. Der Richter beschwerte sich, wie er das jedes Mal tat – die Polizei bringe immer erst mitten in der Nacht die Beschuldigten zu ihm.

»Gehen Sie jetzt zu der Frau, Herr Schlesinger«, sagte der Richter. »Und dann bringen wir es hinter uns. Die Sache scheint mir aussichtslos zu sein. Nehmen Sie den Haftbefehl und sprechen Sie mit ihr.«

Der Wachtmeister ging mit Schlesinger durch die niedrige Tür und dann die steile, schmale Treppe hinunter. Unter dem Gerichtsgebäude war ein riesiges Labyrinth schlecht beleuchteter Gänge, die das Gefängnis mit den Verhandlungssälen verbanden. In der Justiz wurde dieser Ort *die Katakomben* genannt. Eine Wachtmeisterin schloss eine der Vorführzellen auf, die Luft dort war abgestanden, es roch nach Schweiß, Essen und kaltem Zigarettenrauch. Auf die Wände hatten Gefangene obszöne Zeichnungen und Sätze in allen Sprachen gekritzelt. Schlesinger kannte den Raum und die Situation, er hatte das alles hunderte Male erlebt.

Er stellte sich der Frau vor und setzte sich. Aus dem Haftbefehl wusste er, dass sie 43 Jahre alt war. Ihre Augen waren hellgrün, sie trug ein beigefarbenes Kleid und schwarze Schuhe.

»Ich habe meinen Mann nicht getötet.« Sie sagte es, als würde sie über das Wetter sprechen.

»Gut, aber leider ist das nicht entscheidend«, sagte Schlesinger. »Die Frage ist, ob die Staatsanwaltschaft genügend Beweise hat, um das Gericht zu überzeugen.«

»Kann ich wieder nach Hause gehen?«, fragte sie.

Sie gehört nicht hierher, dachte Schlesinger, aber wer tut das schon.

»Ich fürchte nicht. Der Richter hat vorgestern die Akten bekommen und einen Haftbefehl gegen Sie erlassen. Deshalb wurden Sie festgenommen. Wir werden gleich in das Zimmer des Richters gerufen. Er wird Ihnen den Haftbefehl vorlesen und Sie fragen, ob Sie dazu etwas sagen möchten. Wenn Sie den Vorwurf nicht sofort widerlegen können, bleiben Sie bis zum Prozess in Untersuchungshaft.«

»Was soll ich sagen?«

»Vorerst gar nichts. Wir kennen die Ermittlungen noch nicht. Sobald ich die Akten habe, besuche ich Sie in der Haft. Wir sehen uns alles an und dann überlegen wir, was wir tun können. Im Moment ist jeder Satz von Ihnen ein Risiko. Haben Sie bei der Polizei ausgesagt?«

»Ja, ich habe den Polizisten alles erzählt, was ich weiß. Ich bin unschuldig.« Die Frau sah Schlesinger an. Dann verstand sie es. »Vermutlich sagen das alle.«

»Ja, das sagen alle. Und es beeindruckt hier niemanden.«

Sie sprachen, bis der Wachtmeister in die Zelle kam und sagte, es sei jetzt so weit.

Der Richter fragte die Frau nach ihrem Namen, dann las er den Haftbefehl vor und fasste die Ermittlungen für die Beschuldigte zusammen. Er sprach monoton und schnell. »Die Leiche Ihres Mannes wurde von zwei jungen Leuten am See gefunden«, sagte er. »Er ist durch einen Schuss in den Hinterkopf getötet worden. Eine Pistole lag neben dem Toten. Ob das Projektil in dem Kopf Ihres Mannes aus dieser Waffe stammt, steht noch nicht fest, ist aber nach einer vorläufigen Einschätzung der Waffensachverständigen wahrscheinlich. Die Pistole gehört Ihnen, wie Sie bei der Polizei selbst erklärt haben. Sie wollen sie von Ihrem Vater geerbt haben. Auf der aufgefundenen

Waffe, auf den Patronen im Magazin und auf der Hülse im Gras waren Ihre Fingerabdrücke. Die Ermittler haben Ihre Nachbarn befragt. Alle sagten aus, dass Sie und Ihr Mann sich häufig gestritten hätten. Es sei teilweise so laut gewesen, dass die Nachbarn sich über den Lärm bei der Hausverwaltung beschwert hatten. Zwei Wochen vor seinem Tod hatte Ihr Mann eine Lebensversicherung über 800 000 Euro zu Ihren Gunsten abgeschlossen. Sie haben für den mutmaßlichen Todeszeitpunkt kein überprüfbares Alibi. Sie wollen alleine zu Hause gewesen sein – das jedenfalls haben Sie bei der Polizei ausgesagt.«

Der Richter machte eine Pause. Er klappte die Akte zu und sah die Beschuldigte direkt an.

»Ich kann es so zusammenfassen: Sie hatten ein Motiv, die Gelegenheit und die Waffe. Und Sie haben kein Alibi. Sie müssen jetzt nichts zu den Vorwürfen sagen, aber Sie können sich natürlich äußern und Beweiserhebungen beantragen. Vermutlich haben Sie das bereits mit Ihrem Verteidiger besprochen. Wie wollen Sie es halten?«

»Meine Mandantin wird sich nicht äußern«, sagte Schlesinger.

»Gut, dann bleibt der Haftbefehl aufrechterhalten«, sagte der Richter.

»Ich beantrage, meine Mandantin von der Untersuchungshaft zu verschonen«, sagte Schlesinger. »Sie ist nicht vorbestraft und lebt schon ihr halbes Leben hier. Sie hat eine Wohnung in Berlin und arbeitet seit zwölf Jahren als Einkäuferin einer Modefirma. Wir können auch eine Kaution stellen, wir können den Ausweis…«

»Nein, Herr Verteidiger«, unterbrach ihn der Richter. »Wenn ich mich an die Aussagen Ihrer Mandantin bei der Polizei richtig erinnere, hat sie eine Fülle von Auslandskontakten. Ihre Eltern leben in Amerika, ihre Tochter in Italien. Ihre Strafe dürfte bei einer Verurteilung so hoch sein, dass sie erhebliche Fluchtanreize bietet. Ich lehne Ihren Antrag auf Haftverschonung ab.«

Die Protokollführerin, die neben dem Richter an einem kleinen Tisch saß, tippte zwei Sätze in den Computer.

»Möchten Sie weitere Anträge stellen, Dr. Schlesinger?«, fragte der Richter.

»Ich beantrage Haftprüfung in mündlicher Verhandlung und meine Beiordnung. Nehmen Sie bitte noch ins Protokoll auf, dass ich Akteneinsicht beantrage.«

»Haben Sie das?«, fragte der Richter die Protokollführerin. Sie nickte. Der Richter diktierte weiter. »Beschlossen und verkündet: Rechtsanwalt Dr. Schlesinger wird der Beschuldigten in diesem Verfahren als Verteidiger beigeordnet.« Die Protokollführerin druckte ein Blatt aus, das der Richter unterschrieb.

»Ich habe schon mit dem zuständigen Staatsanwalt gesprochen«, sagte er zu Schlesinger. »Sie können die Akten gleich mitnehmen.« Der Richter wandte sich an den Wachtmeister. »Bitte führen Sie die Beschuldigte ab.«

»Erlauben Sie mir eine persönliche Bemerkung?«, sagte der Richter, als er mit Schlesinger wieder alleine im Zimmer war.

»Natürlich«, sagte Schlesinger.

»Wir kennen uns jetzt schon sehr lange. Bitte nehmen Sie es mir nicht übel, aber Sie sehen schrecklich aus, und Sie riechen nach Alkohol. Sie sollten wirklich mal ausschlafen und vernünftig essen.«

»Ja, danke«, sagte Schlesinger. Er nahm die Akten unter den Arm, verabschiedete sich und fuhr mit dem Taxi zurück zur Kanzlei. Inzwischen war es halb vier.

Schlesinger kannte den Mann, der in seinem Hauseingang stand. Er hieß Yasser, ein elegant gekleideter Algerier, der als Geldeintreiber und Schläger arbeitete. Schlesinger hatte ihn vor vielen Jahren verteidigt. Damals war Yasser vorgeworfen worden, in einem Club drei russische Leibwächter so schwer verletzt zu haben, dass sie wochenlang im Krankenhaus lagen. Jeder der drei Männer war doppelt so breit wie Yasser gewesen, sie hatten Messer, Elektroschocker und Baseballschläger gehabt, Yasser nur einen Kugelschreiber. Yasser kam in Untersuchungshaft, weil Besucher des Clubs sagten, der Angriff sei von ihm ausgegangen. Später, in dem Prozess, erklärten die drei Russen überraschend, sie selbst hätten die Schlägerei begonnen. Yasser wurde freigesprochen.

»Hallo Yasser«, sagte Schlesinger.

»Es tut mir leid, Herr Anwalt«, sagte Yasser. Er trug dünne Lederhandschuhe. »Es sind die Chinesen. Sie kennen die Regeln.«

»Ja«, sagte Schlesinger.

»Haben Sie das Geld, das Sie ihnen schulden?«

»Nein.«

»Sind Sie betrunken?«, fragte Yasser.

»Noch nicht einmal das. Ich war im Gericht.«

»Es wird weh tun«, sagte Yasser. Dann schlug er Schlesinger hart in den Magen. Als er sich krümmte, riss Yasser sein Knie hoch, zertrümmerte ihm die Nase und schlug ihm gleichzeitig in die Nieren. Schlesinger ging zu Boden.

»Es tut mir leid«, sagte Yasser.

»Ja«, sagte Schlesinger. Er hatte Blut im Gesicht, seine Nase war gebrochen. Er wusste, dass es noch nicht vorbei war. Yasser würde später ein Foto machen und es den Chinesen schicken. Sie waren immer misstrauisch und wollten für alles Beweise. Yasser trat Schlesinger ins Gesicht. Er verlor das Bewusstsein.

Schlesinger wachte auf dem Sofa in der Kanzlei auf. Auf seinem Gesicht lag ein zusammengeknotetes Handtuch mit Eis, Wasser tropfte in seine Ohren und sein Pullover war nass auf der Brust. Yasser kam mit einer Tasse Kaffee aus der Teeküche. Er zog einen Stuhl zum Sofa und setzte sich zu Schlesinger.

»Ihr Büro sieht nicht gut aus«, sagte Yasser.

Schlesinger versuchte sich aufzurichten. Es ging nicht.

»Bleiben Sie liegen«, sagte Yasser. Er trank den Kaffee. »Ich mag Sie gerne, Herr Anwalt. Aber Sie müssen bezahlen. Die Chinesen wollen, dass ich Ihnen beim nächsten Mal einen Zeh abschneide. Und so geht es immer weiter. Zehen, Finger, Hand, na ja. Sie kennen das ja ...«

»Ich weiß, Yasser.«

»Ich habe mal einen Film gesehen, in dem die Leute immer sagen: *Es ist nichts Persönliches.* Das habe ich nicht verstanden, denn das ganze Leben ist doch *persönlich.* Trotzdem, ich habe nichts gegen Sie.«

»Ich weiß.«

»Können Sie das Geld auftreiben?«, fragte Yasser.

»Ich glaube schon«, sagte Schlesinger.

»Ich soll Ihnen nur eine Woche geben«, sagte Yasser. »Haben Sie das verstanden?«

Schlesinger nickte.

»Wiederholen Sie es.«

»Eine Woche«, sagte Schlesinger. Er fürchtete, wieder ohnmächtig zu werden.

»Sie müssen mit dem Trinken aufhören.« Yasser stand auf und stellte die Kaffeetasse auf den Stuhl.

Schlesinger schloss die Augen.

»Die Akten habe ich auf Ihren Schreibtisch gelegt. Während Sie bewusstlos waren, habe ich sie mir angesehen.«

Schlesinger wusste, dass Yasser kaum lesen konnte. Er war ein kluger Mann, aber er hatte nie eine Schule besucht.

»Es ist die falsche Seite«, sagte Yasser.

Schlesinger verstand nicht, was er sagte. Er musste schlafen. Yasser zog seinen Mantel an.

»Bringen Sie das Geld den Chinesen, sobald Sie es haben. Oder rufen Sie mich an, meine Nummer haben Sie ja«, sagte er.

Schlesinger hörte noch, wie Yasser die Tür von außen zuzog, dann schlief er ein.

Am nächsten Morgen fuhr er in die Notaufnahme des Krankenhauses, sein Kopf, sein Rumpf und seine Nieren wurden geröntgt. Er habe Glück gehabt, sagte der Arzt. Er bekam Schmerzmittel, seine Nase und die Platzwunde auf seiner Stirn wurden verbunden.

Schlesinger fuhr zu einem Pfandleihhaus und versetzte die Uhr, die ihm seine Frau zum zehnjährigen Hochzeitstag geschenkt hatte. Danach ging er in das chinesische Restaurant und bezahlte seine Schulden. Der Chinese zählte dreimal das Geld, steckte es ein und gab Schlesinger den Schuldschein zurück. »Kommen Sie bald wieder«, sagte er, »Sie sind hier immer willkommen.«

Den Rest des Tages verbrachte Schlesinger auf der Couch. Erst am Abend stand er auf, setzte sich an den Schreibtisch und versuchte, die Akte zu lesen. Die Buchstaben verschwammen vor seinen Augen. Schlesinger wusste, wie schnell ein Leben kippt. Dieses Mandat war seine letzte Chance. Natürlich, dachte er, ich bin nur der zufällig beigeordnete Pflichtverteidiger, aber es ist ein richtiger Fall und ich kann ihn gewinnen. Er nahm noch zwei Schmerztabletten, zog eine alte Jeans und ein T-Shirt an und räumte bis fünf Uhr morgens die Kanzlei auf. Er schüttete die Schnapsflaschen in den Ausguss, sammelte den Müll in den Zimmern ein und brachte fünf große Säcke zu den Abfalltonnen. Er saugte die Böden, putzte das Bad und die Teeküche und legte die schmutzigen Kleider in zwei Koffer, um sie zur Reinigung zu bringen. Dann ordnete er die Papierstapel auf seinem Schreibtisch und legte sich noch einmal für ein paar Stunden auf die Couch.

Am nächsten Tag fuhr er zur Haftanstalt. Die Mandantin erschrak über sein Aussehen, aber er sagte, es sei nicht so schlimm, er habe einen Autounfall gehabt. Er las ihr die Ermittlungsakten vor. Jedes Detail sprach gegen sie. Das Geschäft ihres Mannes war verschuldet gewesen, er hatte sich mit Aktien und Optionen verspekuliert. Die Kredite der Banken hatte er nicht mehr bedienen können, auf die Wohnung lief eine hohe Hypothek. Er habe den finanziellen Absturz nicht ertragen, die Verantwortung für das Geschäft habe ihn *fertiggemacht*, sagte die Mandantin. Immer öfter hätten sie sich deshalb gestritten. Die Waffe, das stimme, habe sie von ihrem Vater bekommen. Er habe ihr gezeigt, wie man sie in Ordnung hielt. Nach dem Tod ihres Vaters habe sie die Pistole ein paarmal gereinigt und in einer Schublade im Schlafzimmer aufbewahrt. Das habe sie auch der Polizei gesagt, und mehr wisse sie nicht.

In einem Copyshop ließ Schlesinger die Fotos aus der Akte vergrößern, hängte sie an die Wände in seiner Kanzlei und starrte sie stundenlang an. Er verstand nicht, was Yasser gemeint hatte. Er las die Akte wieder und wieder, bis er sie fast auswendig konnte. Er versuchte eine Lücke in den Indizien zu finden, einen Ansatz für die Verteidigung, irgendeinen Ausweg. Nach drei Wochen gab er auf. Draußen war es inzwischen kalt geworden, die grauen Tage des Berliner Winters hatten begonnen. Schlesinger zog seinen Mantel an und ging zu den Chinesen, er wollte wieder spielen und trinken und vergessen, wer er geworden war.

Vor der Tür des Restaurants stand Yasser.

»Sie wollen nicht da rein«, sagte Yasser.

»Doch«, sagte Schlesinger.

»Geben Sie schon wieder auf?«

»Meine Mandantin war es. Sie hat ihrem Mann von hinten in den Kopf geschossen. Es gibt keine andere Erklärung, wir werden verlieren.«

Yasser schüttelte den Kopf. »Sie sind ein Idiot, Herr Anwalt. Kommen Sie«, sagte er.

»Wohin?«

»Wir gehen essen, Sie zahlen.«

Sie setzten sich in Yassers Bentley und fuhren zu dem teuersten Fischrestaurant auf dem Kurfürstendamm. Yasser bestellte Austern und Weißwein und Schlesinger nur eine Fischsuppe.

»Die Austern hier sind frisch und sehr gut«, sagte Yasser. »Der Wirt kauft sie morgens um drei Uhr auf dem Großmarkt. Mögen Sie Austern?«

»Nein«, sagte Schlesinger.

»Probieren Sie trotzdem.«

»Ich will nicht.«

Yasser legte eine Auster auf einen Unterteller und schob ihn über den Tisch. »Essen Sie«, sagte er.

»Sie schmeckt nach Salz, kaltem Fisch und Metall«, sagte Schlesinger. Er hätte die Auster gerne wieder ausgespuckt.

»Sie sollten Weißwein dazu trinken«, sagte Yasser. »Trinken Sie überhaupt noch?«

»Zumindest nicht mehr so viel«, sagte Schlesinger.

»Gut«, sagte Yasser und aß dann schweigend weiter. Als er fertig war, sagte er: »Es ist die falsche Seite, Herr Anwalt. Ganz einfach.«

»Das sagten Sie schon, aber ich verstehe es nicht«, sagte Schlesinger. »Was ist die verdammte falsche Seite?«

Yasser beugte sich ein Stück vor. »Sie bezahlen das Essen?«

»Ja«, sagte Schlesinger.

Yasser brachte ihn eine Stunde später zur Kanzlei. Schlesinger legte sich sofort auf die Couch, und zum ersten Mal, seit er den Fall übernommen hatte, schlief er zwölf Stunden durch.

*

Acht Monate später begann der Prozess. Die Zeitungen berichteten ausführlich, die Schuld der Angeklagten stand für die Öffentlichkeit fest, und die Staatsanwältin gab ein Interview nach dem anderen.

Die Ermittler hatten einen Zeugen gefunden, der berichtete, wie sich das Ehepaar einen Tag vor der Tat im Supermarkt angeschrien hatte. Der Versicherungsmakler, bei dem die Lebensversicherung abgeschlossen worden war, sagte, der Mann habe wohl *unter großem Druck* gestanden, *sehr nervös* sei er gewesen. Die Polizisten erklärten, die Angeklagte habe sich *auffällig kalt* benommen und ein psychiatrischer Sachverständiger war der Ansicht, sie sei *voll schuldfähig*.

Schlesinger saß während des Prozesses ruhig neben seiner Mandantin, er stellte keine Fragen und keine Anträge.

Am Morgen des fünften Verhandlungstages sagte der Vorsitzende: »Nach der Zeugenliste hören wir heute nur den Waffensachverständigen. Das Beweisprogramm der Kammer ist damit zu Ende. Gibt es noch Anträge der Prozessbeteiligten? Von Ihnen, Herr Verteidiger?«

Schlesinger schüttelte den Kopf. Der Vorsitzende zog die Augenbrauen hoch.

»Nun gut, bitte führen Sie den Sachverständigen herein«, sagte er zu dem Wachtmeister.

Der Sachverständige setzte sich auf den Zeugenstuhl und nannte seine Personalien. Der Vorsitzende sagte, er müsse die Wahrheit sagen.

»Wenn ich es hier richtig lese, arbeiten Sie im Kriminaltechnischen Institut«, sagte der Vorsitzende.

»Ja, Fachbereich Schusswaffenerkennungsdienst, Ballistik, Waffen- und Munitionstechnik.«

»Sie haben die Waffe und die Munition in unserem Fall untersucht«, sagte der Vorsitzende.

»Das ist richtig.«

»Was können Sie uns über diese Waffe sagen?«, fragte der Vorsitzende.

»Es handelt sich um eine Pistole mit der Bezeichnung *FN Browning HP*. Hergestellt wurde sie in Belgien von der Firma *Fabrique Nationale* in Herstal. Sie ist eine der verbreitetsten Pistolen überhaupt. In über 50 Ländern war sie bei Polizei und Militär in Gebrauch. Seit 1935 wird sie produziert.«

»Wurde das Projektil, das sich im Kopf des Opfers befand, aus dieser Waffe abgefeuert? Und gehört die aufgefundene Hülse zu dieser Waffe und zu diesem Projektil«, fragte der Vorsitzende.

»Wir haben die *High Power* ...«

»Die High Power?«, unterbrach der Vorsitzende.

»Diese Browning wird auch High Power genannt. Das bedeutet die Abkürzung *HP* in der Bezeichnung.«

»Danke, fahren Sie bitte fort.«

»Wir haben die Waffe in ein vier Meter langes Wasserbecken abgefeuert. So können wir Geschosse ohne Fremdspuren auffangen. Diese Munitionsteile haben wir dann mit der am Tatort aufgefundenen Hülse und dem Projektil aus dem Kopf des Opfers verglichen.«

»Wie machen Sie das?«

»Wenn man eine Waffe abfeuert, werden in das Metall der Hülse und in das Geschoss Spuren geprägt. Diese Spuren werden durch die Mechanik und den Lauf der Waffe verursacht. Sie müssen wissen, dass das Innere eines modernen Waffenlaufs nicht glatt ist. Es hat spiralförmige Züge, um dem Projektil einen Drall zu geben, damit es stabiler fliegt. Diese Felder und Züge können wir also später als Eindrücke auf dem Geschoss sehen. Auf dem Boden der Hülse können wir auch den Einschlag des Schlagbolzens, Spuren vom Stoßboden, den Abdruck des Auswerfers und so weiter erkennen. Wir untersuchen diese Abdrücke unter einem Vergleichsmikroskop. Reicht das nicht aus, sind wir uns also noch unsicher, können wir die Spuren auch mit einem Rasterelektronenmikroskop untersuchen. Aber das war hier nicht nötig.«

»Was ergaben Ihre Untersuchungen in unserem Fall?«, fragte der Vorsitzende.

»Ich kann mit Sicherheit sagen, dass das Projektil im Kopf des Opfers und die Hülse aus der aufgefundenen Waffe stammten. Wenn Sie möchten, erläutere ich es im Detail.«

»Danke, ich habe es verstanden«, sagte der Vorsitzende. »Gibt es noch Fragen an den Sachverständigen?«

Die Staatsanwältin schüttelte den Kopf.

»Gut, dann sind Sie entlassen«, sagte der Vorsitzende.

»Nein, sind Sie nicht. Ich habe einige Fragen«, sagte Schlesinger.

»Bitte verzeihen Sie«, sagte der Vorsitzende. Er war überrascht. »Sie hatten bisher nichts gefragt, Herr Dr. Schlesinger, deshalb habe ich… Nun gut, bitte, Ihre Fragen.«

»Darf ich zwei vergrößerte Fotos aufstellen? Es wäre dann für alle Prozessbeteiligten einfacher, dem Sachverständigen zu folgen. Es sind die beiden Fotos aus der Lichtbildmappe Blatt 14 und Blatt 15.« Schlesinger hatte die Bilder auf einen Karton ziehen lassen.

»Ja, tun Sie das«, sagte der Vorsitzende.

Schlesinger stand auf und stellte die Fotos auf eine Staffelei. Er drehte sie so, dass die Richter und die Zuschauer sie sehen konnten.

»Das ist der Hinterkopf des Toten, in den das

Geschoss eindrang«, sagte er und deutete auf das erste Foto. »Wir haben in diesem Prozess von einem medizinischen Sachverständigen gehört, dass es sich um einen sogenannten *aufgesetzten Schuss* handelt. Sie können einen kleinen schwarzen Kreis auf der Haut um die Eintrittswunde sehen. Der Kreis stammt, wie wir gehört haben, von dem heißen Pulverdampf, der beim Abfeuern der Waffe aus der Mündung austritt. Der Pulverdampf schlägt sich direkt um die Eintrittswunde nieder, falls die Mündung der Waffe den Kopf berührt hat oder nur wenige Zentimeter davon entfernt gewesen ist. Ist das so richtig?«

»Das kann ich bestätigen«, sagte der Sachverständige. »Nach diesem Foto ist es ohne Zweifel ein *aufgesetzter Schuss.*«

»Aber das ist doch keine Frage an einen Sachverständigen für Waffentechnik«, sagte die Staatsanwältin. »Außerdem haben wir das, wie Sie selbst sagen, doch schon von dem Mediziner gehört.«

»Warten Sie bitte«, sagte Schlesinger. »Die Frage kommt noch.«

Schlesinger zeigte auf das zweite Bild.

»Hier sehen Sie eines der Fotos, die Ihre Kollegen von dem Ort gemacht haben, an dem die Leiche gefunden wurde. Eine Wiese vor dem See. Die Wiese, das haben wir in der Hauptverhand-

46

lung gehört, war damals kurz vor der Tat gemäht worden. Der Tote liegt auf dem Gesicht. Können Sie mir bis dahin folgen?«, fragte Schlesinger.

»Ja«, sagte der Sachverständige.

»Waren Ihnen diese Fotos eigentlich bekannt, als Sie das Gutachten erstellt haben?«

»Nein. Meine Aufgabe war lediglich, das Projektil, die Hülse und die Waffe zu untersuchen. Ich habe diese Teile zugesandt bekommen. Die Fotos kenne ich nicht. Sie sind für meine Untersuchung auch irrelevant.«

»Das sehe ich auch so, völlig irrelevant, wie Ihre Fragen«, sagte die Staatsanwältin. »Wohin soll uns das denn führen?«

»Unterbrechen Sie mich nicht dauernd«, sagte Schlesinger. Er wandte sich wieder an den Sachverständigen. »Sie sehen auf dem Foto kleine Tafeln mit den Ziffern 1 und 2. Nummer 1 ist der Auffindeort der Pistole, Nummer 2 der Ort, an dem die Patronenhülse gefunden wurde.«

»Soweit ich das auf dem Foto erkennen kann, dürfte das die von mir untersuchte Browning sein«, sagte der Sachverständige.

»So steht es auch in dem Bericht der Polizei«, sagte Schlesinger. Er wandte sich an den Vorsitzenden. »Könnte ich die Waffe einmal bekommen?«

Der Vorsitzende stand auf und ging zu dem Regal, das hinter der Richterbank stand. Aus einem Pappkarton holte er die Pistole. Sie war in einer durchsichtigen Plastiktüte.

»Untersucht ist sie ja«, sagte der Vorsitzende, packte die Waffe aus und gab sie Schlesinger.

»Danke«, sagte Schlesinger und legte die Pistole vor den Sachverständigen auf den Tisch. »Ist das die Waffe?«

Der Sachverständige nahm die Pistole in die Hand und sah gleichzeitig in sein Gutachten.

»Ja, die Seriennummer stimmt überein.«

»Ich verstehe nichts davon, Herr Sachverständiger. Bitte helfen Sie mir weiter: Die Öffnung an der rechten Seite des Laufs – wozu dient sie?«

»Das ist das sogenannte Auswurffenster.«

»Erklären Sie es uns bitte.«

»Wenn ein Geschoss abgefeuert wird, fährt der Schlitten der Waffe zurück. Ein Haken zieht dabei die leere Hülse aus dem Patronenlager. Sie stößt auf ein starres Metallteil, den sogenannten Auswerfer, und wird so aus dem Verschlusssystem der Waffe geworfen.«

»Das bedeutet, die leere Hülse fliegt seitlich aus der Waffe.«

»Ja, so kann man es sagen.«

»Und da die Öffnung rechts ist, bedeutet es, dass die Patrone auch nach rechts ausgeworfen wird.«

»Ja.«

»Wissen Sie, mit welcher Geschwindigkeit die Hülse ausgeworfen wird und wie weit sie fliegt?«

»Nein, das müsste man messen.«

»Natürlich. Aber könnte man sagen, dass es realistisch ist, dass die Hülse etwa einen Meter weit fliegt?«

»Ungefähr, ja.«

»Gut, so steht es auch in der Fachliteratur.«

Schlesinger ging langsam durch den Gerichtssaal zu dem großen Foto zurück.

»Ihre sachverständigen Angaben finden Sie auf dem Foto bestätigt. Die Geschosshülse lag tatsächlich etwa einen Meter von der Waffe entfernt im Gras. Sie konnte nirgendwo abprallen. Wie wir sehen, gab es in der Nähe keinen Baum oder ein anderes Hindernis.«

»Richtig«, sagte der Sachverständige.

»Aber bitte sehen Sie jetzt genau hin«, sagte Schlesinger, »sehen Sie sich das Foto noch einmal an.« Seine Stimme wurde leiser. Auch die Richter, die Schöffen und die Staatsanwältin drehten sich zu der Stellwand mit den Bildern. Schlesinger wartete einen Moment. Dann sagte er: »Können Sie es erkennen? Die Geschosshülse lag nicht *rechts* von der Leiche. Sie lag einen Meter von ihr entfernt – aber auf der *linken* Seite.«

»Das ist …«, sagte die Staatsanwältin halblaut und blätterte in der Akte.

Schlesinger ging zurück zur Verteidigerbank.

»Wäre der Mann tatsächlich von hinten mit dieser Waffe erschossen worden«, sagte er, »müsste das Geschoss rechts von seinem Körper liegen.«

»Ich glaube, das stimmt«, sagte der Sachverständige.

»Wie also ist es möglich, dass es links liegt?«, fragte Schlesinger.

Der Sachverständige dachte nach. Dann sagte er: »Ich kann es nicht erklären.«

»Aber tatsächlich gibt es eine logische Erklärung«, sagte Schlesinger.

»Ja?«

»Dieser Mann hat sich selbst erschossen.«

Auf der Pressebank und im Zuschauerraum wurde es unruhig. Der Vorsitzende hörte auf mitzuschreiben. Alle starrten Schlesinger an.

»Er hat dabei den Fehler gemacht, die Waffe falsch herum zu halten, also mit dem Griffkolben nach oben. Deshalb wurde das Geschoss nach links ausgeworfen. Man kann eine Pistole kaum anders halten, wenn man sich selbst in den Hinterkopf schießen will. Es ist unglaublich schwer.«

Schlesinger machte erneut eine Pause. Der Sachverständige nahm die Waffe, die vor ihm auf dem Tisch lag, wieder in die Hand. Er zog den Schlitten nach hinten und überprüfte so noch einmal, ob der Lauf leer war. Dann hielt er sich die Waffe an den Hinterkopf. Er drehte dabei den Griff nach oben.

»Sie haben recht«, sagte der Sachverständige.
»Man kann sie praktisch nur so halten.«

»Genau«, sagte Schlesinger. Er drehte sich zu den Richtern und Schöffen um. »Der Mann wollte also den Mord nur vortäuschen. Auch sein Motiv ist, nach allem, was wir aus der Hauptverhandlung wissen, klar: Er wollte, dass seine Frau das Geld von der Lebensversicherung bekommt.«

*

Am nächsten Verhandlungstag wurde Schlesingers Mandantin freigesprochen. Der Vorsitzende sagte, die Polizei sei von Anfang an von einem Mord ausgegangen, deshalb habe sie keine Alternativen geprüft. Das Verfahren sei von einer langen Reihe voreiliger Annahmen geprägt gewesen, jedes Indiz könne auch anders interpretiert werden. Bei der vorliegenden Beweislage könne deshalb nicht ausgeschlossen werden, dass sich der Mann selbst getötet habe.

Die Staatsanwältin legte keine Revision gegen das Urteil ein.

Nach dem Freispruch lud Schlesinger Yasser noch einmal zum Mittagessen ein. Yasser ließ sich den ganzen Prozess schildern, er wollte jedes Detail wissen.

Am Ende fragte Schlesinger: »Wie konnten Sie das eigentlich so schnell erkennen?«

»Das wollen Sie nicht wissen, Herr Anwalt«, sagte Yasser.

Ein hellblauer Tag

Sie habe ihr Kind getötet, sagt der Richter bei der Urteilsbegründung, daran bestehe für die Strafkammer kein Zweifel. Der Säugling habe Tag und Nacht geschrien, das habe sie nicht mehr ertragen. Sie habe viermal seinen Hinterkopf gegen die Wand geschlagen, er sei an Hirnverletzungen gestorben.

Der Richter sagt immer *Säugling* und *Kind,* dabei hatte sie ihrem Baby einen Namen gegeben. Nicht Jonas oder Kevin, wie alle anderen, sondern einen sehr schönen Namen, den sie einmal in einer Illustrierten gelesen hatte, nämlich *Ryan.* Der Richter sitzt auf seinem Stuhl und verkündet das Urteil und jeder im Saal denkt, es sei ihre Geschichte. Aber es gibt eine ganz andere Geschichte, die sie jetzt nicht erzählen darf.

Der Richter sagt, sie sei »zum Tatzeitpunkt

vermindert schuldfähig« gewesen, ihr Mann habe sie allein mit dem Kind gelassen, sie sei von der Situation »völlig überfordert« gewesen.

Sie wird zu dreieinhalb Jahren Haft verurteilt. Die Boulevardzeitungen schreiben, das Urteil sei zu milde, *Horror-Mutter*, so wird sie genannt.

Die Staatsanwaltschaft legt keine Revision ein, das Urteil wird rechtskräftig.

Im Gefängnis gibt es keinen Alkohol. Sie hört auch mit dem Rauchen auf, weil sie kein Geld hat. Sie wird jeden Morgen um sechs Uhr geweckt, die Arbeit beginnt um sieben. Sie sortiert Schraubensätze, beklebt Pralinenschachteln oder setzt Gummidichtungen zusammen. Alle Frauen tragen die gleichen blauen Schürzen.

Nach einem Jahr bekommt sie Arbeit in der Tischlerei. Das ist besser. Sie baut jetzt Bänke und Tische für das Gericht und das Gefängnis. Sie ist geschickt, der Meister mag sie. »Mein Kopf kommt jetzt erst in Ordnung«, sagt sie zu ihm. Sie baut ein Kästchen aus Walnuss mit Intarsien aus Birkenholz. Es wird ganz vorne in die Vitrine der Tischlerei gestellt, dort, wo jeder es sehen kann.

Nach anderthalb Jahren bekommt sie zum ersten Mal *Freigang*, sie darf das Gefängnis verlassen und zu Hause übernachten. Sie sagt zu der

Wachtmeisterin, sie komme abends lieber wieder zurück.

Sie fährt mit dem Bus in die Innenstadt und geht auf der Hauptstraße spazieren. Es ist ein hellblauer Tag, wie damals. Die Menschen sitzen in den Straßencafés. Sie sieht sich die Auslagen der Geschäfte an und kauft ein Seidentuch von ihrem Haftgeld. Sie hat vergessen, wie lebendig es draußen ist. Sie geht weiter in den Stadtpark und legt sich auf den Rasen in die Sonne. Sie stützt sich auf die Ellenbogen und sieht den Spaziergängern zu. Der Junge ist vielleicht vier oder fünf Jahre alt. Er hält ein Eis, das so groß ist wie sein Gesicht. Der Vater kniet vor ihm und wischt ihm mit einem Taschentuch den Mund ab.

Sie steht auf, zieht das Seidentuch von ihrem Hals, wirft es in einen Mülleimer und fährt zurück zum Gefängnis.

Sechs Monate später wird sie entlassen. Zu Hause sitzt ihr Mann auf der Couch. Er hat sie nicht abgeholt, obwohl sie ihm geschrieben hat. Ihr Brief liegt auf dem Küchentisch, das Papier ist schmutzig und hat Ringe von den Bierflaschen.

»Warum hast Du mich nie besucht?«, fragt sie.

Er nimmt ein Feuerzeug vom Tisch und spielt damit herum. Er sieht sie nicht an.

»Der Fernseher geht nicht mehr«, sagt er.

»Ja«, sagt sie.

»Liegt an der Schüssel, hat der Mann von der Reparatur gesagt. Ich habe eine neue gekauft.«

Er spielt weiter mit dem Feuerzeug.

»Ich mach das jetzt«, sagt er und steht auf.

Er trägt den Karton mit der neuen Satellitenschüssel auf den Balkon und reißt ihn auf. Aus der Küche holt er den Werkzeugkasten. Er schiebt den Gartenstuhl an die Wand und benutzt ihn als Leiter. Es ist nicht hoch genug. Er steht mit einem Fuß auf der Lehne des Stuhls und mit dem anderen auf dem Geländer des Balkons.

»Gib mir den roten Schraubenzieher«, sagt er.

»Ja«, sagt sie.

Sie kramt in der Werkzeugkiste und gibt ihm den roten Schraubenzieher. Er versucht die alten Schrauben aus der Hauswand zu drehen.

»Die sitzen fest«, sagt er.

Damals war sie einkaufen gewesen. Nur eine halbe Stunde. Als sie zurückgekommen war, saß er auf dem Boden im Schlafzimmer. Er könne nichts dafür, das Kind sei ihm aus der Hand gerutscht. Sie würden ihm *lebenslänglich* geben, er habe ja schon die Vorstrafen wegen Körperverletzung und Raub, er kenne diese Richter. Sie legte ihren Sohn, der jetzt tot war, in ihren Schoß und küsste ihn. Er hatte ein so hübsches Gesicht.

»Du bist nicht mal zum Prozess gekommen«, sagt sie.

Er sieht von oben runter. Sein Hemd hängt aus der Hose, sein Bauch ist voller Haare.

Er hatte damals gesagt, sie solle die Schuld auf sich nehmen, das sei besser für alle. *Die Schuld auf sich nehmen* – er sagte sonst nie solche Sätze, das hätte ihr auffallen müssen.

Er probiert es weiter mit den Schrauben.

»Die sind kaputt«, sagt er, »verrostet.«

Sie würde nur eine kleine Strafe bekommen, hatte er gesagt, das Frauengefängnis sei nicht schlimm. Sie könnten zusammenbleiben, eine Familie. »Eine Familie«, hatte sie immer wiederholt, während Ryan in ihrem Schoß lag und tot war. Sie hatte nicht gewusst, dass er das Baby gegen die Wand geschlagen hatte. Sie hatte ihm geglaubt. Damals.

»Ich bin so dumm gewesen«, sagt sie jetzt.

Sie tritt gegen den Stuhl. Er öffnet den Mund, seine Bartstoppeln, seine gelben Zähne, seine wasserblauen Augen, die sie früher liebte. Er rutscht ab, kippt nach hinten und fällt, es sind vier Stockwerke. Er schlägt auf dem Beton auf, der Druck reißt seine rechte Herzklappe ab, eine Rippe durchbohrt die Hauptschlagader, er verblutet in seinen Körper. Sie geht langsam durch das Treppenhaus nach unten. Auf dem Bürgersteig steht sie neben ihm und wartet, bis er tot ist.

Derselbe Staatsanwalt wie bei ihrem ersten Verfahren leitet die Ermittlungen. Er ist jetzt Oberstaatsanwalt und hat sich einen Oberlippenbart wachsen lassen. Er glaubt, sie habe auch ihren Mann getötet.

Sie hat im Gefängnis dazugelernt und beantwortet die Fragen der Polizisten nicht. Sie sagt nur, sie wolle einen Anwalt sprechen. Ein Beamter bringt sie zurück in die Zelle.

Am nächsten Tag erlässt der Richter Haftbefehl. Die Beweislage ist dünn, aber der Richter will der Mordkommission Zeit geben.

Die Polizei befragt die Nachbarn. Niemand hat einen Streit mitbekommen. Ein alter Mann hat sie auf dem Balkon gesehen, aber keine Einzelheiten erkennen können. Ein anderer Zeuge sagt, sie habe »steif« neben ihrem Mann gestanden, als er auf der Straße lag.

Im Gutachten des Gerichtsmediziners steht, dass der Tote alkoholisiert war und alle Verletzungen durch den Sturz zu erklären sind. Es gebe »aus rechtsmedizinischer Sicht keinen Hinweis auf eine Fremdtötung«.

Nach zehn Tagen ist die Haftprüfung. Sie schweigt noch immer, genau so, wie der Anwalt es ihr geraten hat. Der Oberstaatsanwalt ist überzeugt, dass sie es getan hat. Aber er sagt, er könne es ihr nicht nachweisen. Der Richter nickt und hebt den Haftbefehl auf.

Sie verlässt mit dem Anwalt den Saal. Vor der Tür muss sie ihm alles erzählen, sie kann nicht mehr schweigen, »es muss raus«, sagt sie. Sie wisse nicht, ob das Rache gewesen sei oder etwas anderes, wofür sie kein Wort kenne. Es tue ihr nicht leid. Ob er das verstehe, fragt sie den Anwalt.

Sie begleitet ihn bis zur Haupthalle. Vor einer Bank bleibt sie stehen, kniet sich hin und schaut unter die Sitzplatte. »Die ist von mir«, sagt sie, »das ist eine sehr gute Bank.«

Lydia

»Ich habe einen anderen Mann kennengelernt«, sagt Meyerbecks Frau. Es ist Sonntagvormittag. Auf ihrem Teller liegt ein Aufbackbrötchen, sie rührt es nicht an. Meyerbeck dagegen hat Hunger. Seine Frau spricht sehr schnell, während er isst. Meyerbeck stottert, seit er ein Kind ist. Nur wenn niemand zuhört, kann er flüssig sprechen.

Wir könnten heute raus an den See fahren, denkt Meyerbeck. Seine Frau würde in ihren Illustrierten lesen und er in den Himmel schauen. Am See wäre alles wie immer. Später würden sie zu der Pizzeria gehen und dort im Garten ein kaltes Bier trinken.

Seine Frau sagt, sie könne nichts dagegen machen und dann beginnt sie zu weinen. Sie sind schon sehr lange zusammen. Meyerbeck steht auf. Er steckt die Hände in die Hosentaschen und sieht aus dem Küchenfenster.

*

Vier Monate später zieht Meyerbeck um, eine Wohnung im vierten Stock, zwei Zimmer, Küche, Bad, Balkon. Seine Frau, die nicht mehr seine Frau ist, hat mit seinem neuen Vermieter gesprochen, das Sparkassenkonto geändert und ein neues Klingelschild angebracht. In der ersten Nacht öffnet er in der Küche die Schränke und sieht sich das Geschirr an, das sie für ihn gekauft hat. Es ist sehr viel Geschirr. Meyerbeck setzt sich auf einen Stuhl. Er raucht wieder, wie vor der Ehe.

Von der Wohnung ist es nicht weit zu der Firma, in der Meyerbeck seit 13 Jahren arbeitet. Zwei Stationen mit der S-Bahn, ein kurzer Fußweg. Sein Büro ist neben dem Serverraum, es ist klimatisiert, kein Fenster, nur ein Oberlicht. Obwohl er der beste Programmierer der Firma ist, hat er die Beförderung zum Abteilungsleiter abgelehnt. Meyerbeck kommt mit Menschen nicht gut zurecht, seine Anweisungen bekommt er lieber schriftlich.

Mittags geht er jetzt immer in die Kantine der Firma. Früher war er dort nur zu den Weihnachtsfeiern, es hallt in dem hohen Raum und ist ihm zu laut. Abends isst er meistens in einem Schnellrestaurant. Zu Hause sieht er fern, am Wochenende geht er manchmal ins Kino. An den See fährt er nicht mehr.

An seinem 45. Geburtstag schickt seine Frau eine SMS und er bekommt eine vorgedruckte Karte von der Sparkasse. In der Firma schenkt ihm seine Vorgesetzte eine Packung Pralinen aus dem Supermarkt. Sie fragt, ob er nicht einsam sei. »Immer alleine, Herr Meyerbeck, das ist doch nichts«, sagt sie. Meyerbeck antwortet nicht.

*

An einem Sonntagabend sieht Meyerbeck im Fernsehen eine Reportage über Sexpuppen. Noch während die Sendung läuft, schaltet er den Laptop ein und sucht die Internetseite des Herstellers. Bis fünf Uhr morgens liest er in einem Forum die Berichte der Käufer.

Am nächsten Tag kann er sich in der Firma kaum konzentrieren, er geht früher als sonst. Auf dem Laptop zu Hause stellt Meyerbeck immer wieder neue Puppen zusammen. Gesicht, Brustgröße, Hautton (von »blass« bis »Kakao«), Farbe der Lippen (»Apricot, Rosa, Rot, Bronze, Natur«), Farbe der Fingernägel, der Augen, der

Haare. Es gibt elf verschiedene Vaginatypen. Er meldet sich krank, es ist das erste Mal. Er schläft ein paar Stunden und als er aufwacht, weiß er den Namen der Puppe: Lydia.

Acht Wochen später nimmt Meyerbeck einen Tag Urlaub. Am frühen Nachmittag wird das Paket geliefert. Er unterschreibt auf dem Gerät des Zustellers und zieht den Karton in die Wohnung.

Die Puppe ist in weiches Tuch gehüllt, er ist froh, dass sie Unterwäsche trägt. Sie ist schwer, fast 50 Kilogramm. Er hebt sie aus dem Karton, setzt sie auf das Sofa, holt seinen Bademantel und hängt ihn ihr über die Schultern. Er geht in die Küche und schließt die Tür hinter sich. Er hat alles über sie gelesen. Sie hat ein Stahlskelett, das »keine unnatürlichen Verrenkungen erlaubt«, ihre Haut benötigt regelmäßig eine dünne Schicht Puder, damit sie »geschmeidig« und »lebensecht« bleibt. Nach einer Stunde geht Meyerbeck zurück ins Wohnzimmer. Er sieht die Puppe nicht an. Er faltet den Karton zusammen und will ihn zum Müll bringen. An der Eingangstür kehrt er noch einmal um und schaltet den Fernseher ein.

Zehn Tage nach Lydias Ankunft schläft Meyerbeck zum ersten Mal mit ihr. Drei Wochen später bestellt er für sie über das Internet Kleider,

Dessous, Schuhe, Nachthemden und einen Schal. Meyerbeck lernt kochen, um abends nicht ins Restaurant gehen zu müssen, er will bei ihr sein. Oft sieht er sich jetzt Liebesfilme mit ihr an. In der Firma denkt er an sie, jeden Montag bringt er ihr Blumen mit. Abends erzählt er ihr, was er erlebt hat, nach ein paar Wochen spricht er mit ihr, ohne zu stottern. Er kauft einen Hometrainer, um in Form zu bleiben. Wenn er nachts mit ihr, im Bett liegt, redet er über die Zukunft, über das Haus, das er kaufen will, damit sie dort im Garten in der Sonne sitzen kann und niemand sie stört.

*

An einem milden Nachmittag im Spätsommer zieht Meyerbeck auf der Straße seine Krawatte aus und öffnet den obersten Knopf seines Hemds. Früher hätte er so etwas nie getan. Vor ein paar Tagen hatte er Lydia Sekt und zwölf Rosen gekauft, es war ihr Geburtstag, seit zwölf Monaten war sie jetzt bei ihm. Es war ein schönes Jahr, denkt er.

Die Balkontür seiner Wohnung ist aufgehebelt. Im Wohnzimmer liegt die Puppe über der Lehne des Sofas, Kleid und Unterwäsche sind zerrissen, der Kopf um 180 Grad gedreht, die Beine überspreizt. Im Mund, im After und in der

Vagina stecken Kerzen aus Meyerbecks Leuchter. Auf dem Wohnzimmertisch ist mit dem Lippenstift, den er für sie gekauft hat, geschrieben: »Perverse Sau«.

Meyerbeck weiß, dass es sein Nachbar war. Er hat ihn öfters dabei beobachtet, wie er sich über das Geländer gebeugt hat, um in seine Wohnung zu sehen.

Er entfernt die Kerzen. Lydias Beine und ihren Kopf dreht er vorsichtig zurück. Wie ein Arzt betastet er ihren Körper, er will wissen, ob etwas an ihrem Skelett gebrochen ist. Er trägt sie auf den Armen ins Badezimmer, legt sie in die Wanne und lässt Wasser ein. Er badet sie über zwei Stunden, während er sanft mit ihr spricht. Er wäscht sie mit einem weichen Schwamm, spült ihre Körperöffnungen aus, frisiert und föhnt ihr Haar. Manchmal verlässt er das Badezimmer, sie soll nicht sehen, dass er weint. Dann hebt er sie aus der Wanne, trocknet sie ab und trägt sie ins Bett. Vorsichtig pudert er ihre Haut ein, während er sie streichelt. Er zieht ihr ein Nachthemd an, legt die Decke über sie und löscht das Licht.

Im Wohnzimmer stopft er die zerrissene Kleidung und die Kerzen in einen Abfallbeutel. Er reinigt den Wohnzimmertisch, bis von dem Lippenstift nichts mehr zu sehen ist. Die Balkontür nagelt er zu.

In dieser Nacht schläft Meyerbeck auf dem

Sofa. Mehrmals steht er auf, um nach Lydia zu sehen. Er setzt sich auf einen Stuhl neben das Bett und hält ihre Hand.

Am nächsten Morgen ruft er in der Firma an, er müsse Urlaub nehmen, sagt er, ein Unglücksfall in der Familie. Die nächsten Tage verbringt er an Lydias Seite. Er stellt den Fernseher ins Schlafzimmer und liest ihr aus Büchern vor.

*

Vier Wochen später wird Meyerbecks Nachbar in die Notaufnahme gebracht. Zwei seiner Rippen und das linke Schlüsselbein sind gebrochen, seine Hoden sind geprellt und beide Schneidezähne ausgeschlagen, eine Platzwunde über der rechten Augenbraue muss mit acht Stichen genäht werden. Im Protokoll des Notarztes steht, er sei vor seiner Wohnung gefunden worden, eine Nachbarin habe angerufen.

Die Polizisten fahren zu seiner Adresse und befragen die Bewohner des Hauses. Als sie bei Meyerbeck klingeln, öffnet er, sagt aber nichts. Er übergibt ihnen eine Plastiktüte mit einem Baseballschläger, an dem Blut klebt. Die Polizisten legen Meyerbeck Handfesseln an und drücken ihn zu Boden. Er wehrt sich nicht. Als die Beamten sich sicher sind, dass keine Gefahr von ihm ausgeht, darf er sich setzen. Im Schlafzimmer liegt die Puppe auf dem Bett. Meyerbeck wird auf die Wache gebracht.

Eine Stunde später versucht die Polizistin Meyerbeck zu vernehmen. Sie weiß inzwischen, dass er nicht vorbestraft ist, eine feste Arbeit hat und geschieden ist. Den Baseballschläger hat er im Internet gekauft, die Rechnung lag in der Tüte. Die Polizistin lässt Meyerbeck Zeit. Er stottert so heftig, dass er kaum seinen Namen sagen kann. Sie fragt ihn, wie seine Puppe heiße. Er sieht zum ersten Mal auf. »Lydia«, sagt er. Danach wird es leichter.

Die Staatsanwaltschaft klagt Meyerbeck wegen gefährlicher Körperverletzung an. Der Fall wird vor dem Schöffengericht verhandelt, der Prozess findet zehn Monate nach der Tat statt. Es kommt jetzt auf jedes Wort an, denkt Meyerbeck. Er hat es mit Lydia besprochen, wieder und wieder hat er vor ihr geübt, aber jetzt gelingen ihm nicht einmal die einfachsten Sätze. Er nickt nur, als die Vorsitzende fragt, ob der Vorwurf zutreffe. Der Nachbar hat ein Attest geschickt, er sei krank und könne nicht kommen. Nur die Polizistin wird als Zeugin gehört. Sie schildert die Ermittlungen und die Vernehmung von Meyerbeck. Er habe sofort alles zugegeben, sie glaube nicht, dass er geisteskrank sei. »Er ist nur ein einsamer Mann«, sagt sie.

Das Gericht hat einen psychiatrischen Sachverständigen beauftragt. Die Vorsitzende fragt ihn, ob Meyerbeck gefährlich sei.

»Es ist fremdartig«, sagt der Psychiater, »aber nicht gefährlich, Puppen zu lieben.«

»Gibt es das öfters?«, fragt die Vorsitzende.

»In den letzten 20 Jahren«, sagt der Sachverständige, »ist eine Industrie entstanden, die menschenähnliche Puppen aus Silikon mit Stahl- oder Aluminiumskeletten herstellt. Diese Puppen kosten zwischen 3500 und 15000 Euro. Sie werden in Russland, Deutschland, Frankreich, Japan, England und den USA gefertigt. Bald werden in sie Computer eingebaut, damit sie sprechen können. Eine wissenschaftlichen Ansprüchen genügende repräsentative Untersuchung gibt es noch nicht, aber nach der Literatur ist der typische Käufer weiß, alleinstehend, heterosexuell und zwischen 40 und 65 Jahren alt. Die Puppen werden auf den Internetseiten der Hersteller meist als Masturbations- und Sexobjekte beworben, aber die Besitzer haben zu diesen Puppen oft Beziehungen, die weit über das Sexuelle hinausgehen. Für manche Menschen werden sie zu Lebenspartnern. In Japan gibt es sogar eine Bestattungszeremonie für die Puppen, wenn ihre Besitzer wirkliche Menschen heiraten.«

Meyerbeck sieht, wie die Staatsanwältin den Kopf schüttelt.

»Agalmatophilie, also die Liebe zu Statuen und Puppen, ist ein Fetisch. Damit bezeichnen wir sexuelle Hinwendungen zu unbelebten Gegenständen«, sagt der Psychiater.

»Reicht das denn den Männern?«, fragt die Vorsitzende. »Eine Puppe kann Liebe ja nicht erwidern.«

»Wenn wir uns verlieben, ist das ein sehr komplexer Vorgang. Zuerst sind wir nicht in den Partner selbst verliebt, sondern in das Bild, das wir uns von ihm machen. Die kritische Phase jeder Beziehung beginnt, wenn dieses Bild von der Realität eingeholt wird, wenn wir also erkennen, wer der andere wirklich ist«, sagt der Sachverständige. »In den USA kennen wir viele Ehen zwischen normalen, ganz im Leben stehenden Frauen und Strafgefangenen. Die Frauen lernen diese Männer meistens über Kontaktanzeigen kennen. Sie wissen also, dass sie wahrscheinlich niemals mit ihrem Partner zusammenleben werden. Dennoch sind die Beziehungen stabil. Es ist das gleiche Phänomen wie bei Herrn Meyerbeck. Die Liebe der Frauen zu den Gefangenen wird nie in der Wirklichkeit überprüft. Auch die Beziehung von Herrn Meyerbeck zu seiner Puppe kann nicht real werden. Deshalb wird seine Liebe vermutlich stabil bleiben. Es ist eine dauerhaft glückliche Beziehung.«

Meyerbeck wird zu sechs Monaten Gefängnis verurteilt, die Strafe wird zur Bewährung ausgesetzt. Die Vorsitzende sagt, jeder dürfe sein Leben so gestalten, wie er es für richtig halte, es gehe den Staat nichts an, solange niemand zu Schaden komme. »Dennoch müssen wir Sie für Ihre Tat verurteilen. Wir sind davon überzeugt, dass Sie die Sachbeschädigung an Ihrer Puppe als Angriff auf Ihre Lebenspartnerin verstanden haben. Wir halten Sie nicht für gefährlicher als jeden anderen Mann, dessen Frau vergewaltigt wurde. Aber auch wenn Lydia ein echter Mensch gewesen wäre, wäre Ihre Tat nicht gerechtfertigt. Sie können sich auf Notwehr nur dann berufen, wenn ein Angriff gerade stattfindet oder unmittelbar bevorsteht. Die Tat Ihres Nachbarn war aber schon lange vorbei, eine Verteidigung im Sinne des Notwehrrechts war nicht mehr möglich. Das, was Sie ihm antaten, war also Rache – ein Motiv, das wir verstehen können, das unsere Rechtsordnung aber nicht billigt.«

*

Zu Hause zieht Meyerbeck die Vorhänge zu, um mit Lydia alleine zu sein. Eine Bewährungsstrafe sei nicht so schlimm, sagt er zu ihr. Er erzählt von dem Prozess, von der Vorsitzenden und von seiner Angst. Viel später liegt ihr Kopf auf seinem Arm. »Es ist eine dauerhaft glückliche Beziehung«, denkt er. Meyerbeck ist sich sicher, dass er das Richtige getan hat, es war notwendig, ganz gleich, was die Richterin sagte.

Dann schlafen sie ein.

Nachbarn

Morgens tastet er mit geschlossenen Augen nach der Hand seiner Frau. 24 Jahre lang haben so seine Tage begonnen, sie waren nur wenige Nächte getrennt. Sie hatte immer seine Hand im Halbschlaf umfasst, ein Reflex wie der eines Babys.

Das Bett neben ihm ist leer, er hat es im Schlaf wieder vergessen. Brinkmann setzt sich auf und schaltet das Licht ein. Emily war 53 Jahre alt, als sie die Flecken an ihren Unterschenkeln entdeckte, schwarzer Hautkrebs. Der Tumor hatte, wie die Ärzte sagten, »gestreut«, Metastasen in den Lymphknoten, in der Lunge, in der Leber – »Tochtergeschwulste«, nannten sie das. Operationen seien sinnlos. Nach einem Monat kam sie ins Krankenhaus. Ihr Gesicht auf dem weißen Kissen, es wurde von Woche zu Woche kleiner. Bevor sie starb, wachte sie noch einmal auf. Er beugte sich über das Bett, sie umfasste mit beiden Händen seinen Kopf. Sie konnte nicht sprechen, er sah ihre Angst.

Anderthalb Stunden später löste eine Maschine Alarm aus, zwei Schwestern rollten ihr Bett aus dem Zimmer, sie stießen mit der Kante gegen den Türrahmen. Sie sagten, er könne nicht mitkommen. Und dann geschah lange nichts.

Am Morgen kam ein junger Arzt in das Zimmer. »Ihre Frau ist gestorben«, sagte er, sie habe keine Schmerzen gehabt. Aber das war eine Lüge. Brinkmann packte die Sachen aus dem Krankenhausschrank in ihren rot-weiß-karierten Koffer, ihre Schlafanzüge, ihre Kosmetika, ihre Haarbürste. Die Bücher, die sie nicht mehr gelesen hatte. Er hätte das alles mit ihr gerne besprochen. In ihrer ersten Wohnung hatten sie einen Schreibtisch geteilt, seine Hälfte, ihre Hälfte. Sie hatten nie aufgehört, miteinander zu sprechen.

Zuhause nahm er die Post aus dem Briefkasten. Er wartete im Eingang des Hauses mit ihrem Koffer und den Briefen, auf denen ihr Name stand. Er wartete darauf, dass etwas passiert, aber es passierte nichts. Er setzte sich auf den Stuhl neben dem Schirmständer und rief seine Töchter an. Sie wollten sofort kommen. Das sei nicht nötig, sagte er, ihm gehe es gut. Bis zum

Morgengrauen blieb er auf, er wollte wach sein und auf Emily warten.

Zwei Tage später sah er sie noch einmal im Krankenhaus. Ihr Gesicht war nicht ernst oder schön. Der Schmerz, die Heiterkeit, das Gütige waren verschwunden. Er ließ sie verbrennen, weil sie es so gewollt hatte. Der Tod ist kein Mysterium, vor dem man knien muss, dachte er bei der Trauerfeier. In den Wochen und Monaten nach ihrem Tod träumte er von ihrer Stimme. Es gab nichts, was noch gültig war.

Das ist jetzt vier Jahre her. Im Bademantel macht sich Brinkmann in der Küche Kaffee und geht mit der Tasse in den Garten. Es ist noch dunkel. Er sieht den verschwimmenden Lichtern der Containerschiffe und Sportboote nach. Später, unter der Dusche, wird ihm schwindlig, er lehnt sich gegen die Wand und schließt die Augen, bis es vorübergeht. Er rasiert sich, zieht sich an und poliert seine Schuhe. Er hat Angst, aus der Zeit zu fallen.

Er zieht seinen Mantel an, nimmt die Schlüssel und verlässt das Haus. Im Kiosk sitzt die alte Besitzerin hinter dem Tresen und strickt. Emily hatte sich immer über die alte Dame amüsiert, sie hatten sich vorgestellt, wie Kinder und Enkel und Urenkel ganze Schränke voller Strickwaren aus grober Wolle besäßen.

Er kauft eine Zeitung und Zigaretten. Auf der Straße fährt ein offener Wagen langsam an ihm vorbei, eine junge Frau hat ihren Kopf an die Seitenscheibe gelegt und schläft. Der Fahrer ist vorsichtig, er will sie nicht wecken, denkt Brinkmann. Vielleicht kommen sie von einem Fest auf dem Land, sie sind im Morgengrauen losgefahren, später wird er sie in sein Bett bringen. Brinkmanns Magen zieht sich zusammen. Er geht die lange Treppe hinunter bis zum Ufer und dort an den zweigeschossigen Häusern und den hübschen Vorgärten vorbei bis zu dem Café. Er bestellt ein *kleines Frühstück*. Dann liest er zwei Stunden in der Zeitung. Manchmal beobachtet er das Paar am Nachbartisch, der Mann tippt auf seinem Handy, die Frau sieht raus auf den Fluss. Schon als Kind war Brinkmann hier gewesen, damals hatte ihn sein Vater mitgenommen, Lotsen und Bootsfahrer hatten nachts am Strand gesessen und getrunken. Er bezahlt und geht zurück. Wie immer zählt er die 136 Stufen hoch zur Straße. Oben ist er außer Atem. Der Tag liegt noch vor ihm, öde und leer. Wie jeder einzelne Tag seit Emilys Tod.

*

Seine Töchter schenken ihm zum Geburtstag eine Kreuzfahrt durch die Karibik. Er weiß nicht, was er auf dem Schiff soll, die Animateure, die Wasserrutschen und die Abendessen in den riesigen Sälen, das alles stößt ihn ab. Er bleibt fast immer in seiner Kabine. An seinem Geburtstag richtet das Schiffspersonal einen Tisch mit Blumen und Geschenken für ihn her, es ist ihm peinlich. Er wird von Frauen angesprochen, aber er lehnt jeden Kontakt ab.

Als er von der Kreuzfahrt zurückkommt, ist das Nachbarhaus verkauft. Vor der Garage steht ein dunkelgrüner Wagen, ein offener Jaguar aus den 60er-Jahren. Einige Tage später klingelt die neue Nachbarin bei ihm. Sie nennt nur ihren Vornamen: Antonia. Sie hat einen Sandkuchen mitgebracht, »selbst gebacken«, wie sie sagt. Brinkmann bittet sie herein. Er macht Kaffee, und sie setzen sich in den Garten. Sie seien so froh, endlich ein Haus in dieser Gegend gefunden zu haben, hier, auf der Elbchaussee, werde ja fast nie etwas verkauft. »Wir haben ewig gesucht«, sagt sie. Zweimal berührt sie Brinkmann, seinen Unterarm, seine Hand. Er versucht ihr zuzuhören, kann sich aber nicht konzentrieren. Nach einer halben Stunde geht sie wieder, der tiefe Rückenausschnitt ihres Kleides. Vor dem Gartentor dreht sie sich noch einmal zu ihm um. Sie sieht aus wie Emily, denkt er, die gleichen hohen Wangenknochen, das gleiche Lachen, das Vornehme ihres Körpers. »Kommen Sie doch mal bei uns vorbei, ich würde mich freuen«, sagt sie.

Dann beginnt der Sommer. Der Pool im Nachbarhaus wird renoviert, Strahler werden eingebaut und helle Steinplatten verlegt. Brinkmann sieht jetzt nachts von seiner Terrasse auf das blaugrüne Wasser.

Am ersten heißen Tag kauft er in einem Feinkostgeschäft zwei Flaschen des Weißweins, den Emily gerne mochte. Er klingelt bei den Nachbarn. Antonia öffnet in hellen Shorts und einem weißen T-Shirt. Sie trägt keinen BH, ihre Beine sind braun gebrannt und glatt.

Brinkmann war nie in diesem Haus, ein Bungalow in U-Form aus den 20er-Jahren, dessen Innenhof sich zum Fluss öffnet. Sie führt ihn herum und zeigt ihm den neuen Pool. Dann holt sie zwei Gläser mit Eiswürfeln aus der Küche, und sie trinken den Wein. Sie ist voller Leben, denkt er. Er sitzt im Halbschatten und erzählt von der Kreuzfahrt. Sie lacht sehr viel, ihr helles, glückliches Lachen. Ob er Lust habe zu schwimmen, fragt sie, es sei so erfrischend und würde ihm guttun. Er will nicht, dass sie seinen Körper sieht, die weißen Haare auf seiner Brust, die Altersflecken. »Ich vertrage das Chlor nicht«, sagt er.

Schweiß sammelt sich in seinen Augenbrauen. Er müsse kurz ins Bad. Sie beschreibt ihm den Weg durch das Haus, dritte Tür links, den Flur runter.

Auf der Ablage des Waschtisches stehen Parfümflakons, Glycerinseifen aus Sizilien und eine große Muschel. Er fährt mit den Fingern über die Innenseite, sie ist rosa, glatt und warm. Brinkmann beugt seinen Kopf ins Waschbecken und lässt kaltes Wasser über den Nacken laufen, bis es ihm besser geht. Als er zurückkommt, sitzt sie auf dem Beckenrand, die Füße im Pool. Die Sonne ist unerträglich.

»Es wird ein schöner Sommer«, sagt sie und legt den Kopf zurück.

»Ich muss jetzt leider gehen«, sagt er.

Später sieht er sie von seiner Terrasse aus auf der gelben Luftmatratze im Pool liegen, eine Hand im Wasser, die Augen geschlossen. Ihr Körper glänzt vom Sonnenöl.

*

Brinkmann besucht Antonia fast jeden Tag. Morgens frühstückt er im Café, am Mittag geht er zu ihr. Immer bringt er ihr kleine Geschenke mit, Süßigkeiten, Illustrierte, Bücher. Sie verbringen die Tage am Pool. Antonia sagt, sie sei froh, dass er da sei, er könne so gut zuhören. Sie erzählt ihm ihr Leben. Ihre Eltern sind Hochschullehrer, sie ist das einzige Kind. Sie spricht oft über ihren Vater, der jünger als Brinkmann ist. Er sei ein stiller Mann, so wie Brinkmann, er habe ein Standardwerk über die Renaissance in Florenz geschrieben, sagt sie. Als Kind habe sie ihn oft in diese Stadt begleitet, stundenlang sei sie mit ihm durch die Museen und Kirchen gegangen. Während des Studiums habe sie ihren Mann kennengelernt. Die Heirat, sagt sie, sei eine Erlösung gewesen. Sie habe die Männer nicht mehr ertragen, der Ehering habe sie vor ihnen beschützt. Sie liegt nackt auf den Steinplatten neben dem Pool und er tut so, als würde das nichts bedeuten. Das ist die Vereinbarung, denkt er.

Ihr Mann kommt meistens spät aus der Agentur, er ruft an, bevor er losfährt. Brinkmann trifft ihn nie. An den Wochenenden sieht er manchmal, wie der Nachbar seinen Wagen repariert, in der Garage hat er sich eine Werkstatt eingerichtet. Das entspanne ihn, sagt Antonia, als er danach fragt.

*

Im Hochsommer fährt sie für eine Woche zu ihren Eltern. Drei Tage nach ihrer Abfahrt, an einem Sonntag, steht der Jaguar in der Einfahrt der Nachbarn, er ist auf zwei Wagenhebern aufgebockt. Werkzeuge liegen auf dem Beton und dem Rasen, die Vorderräder des Wagens sind abmontiert und lehnen an der Hauswand. Der Nachbar liegt unter dem Motorraum, Brinkmann sieht nur seine Beine und seine Espadrilles.

»Guten Morgen«, sagt der Mann. Er rollt auf einem Brett unter dem Wagen hervor und steht auf. Sein Gesicht und seine Hände sind ölverschmiert. »Ich gebe Ihnen besser nicht die Hand.«

Er sieht aus wie ein Flugkapitän, denkt Brinkmann.

»Ich habe so viel von Ihnen gehört, Antonia spricht dauernd von Ihnen«, sagt der Mann. »Freut mich, Sie endlich kennenzulernen.« Er zeigt auf den Wagen. »Das verdammte Auto, die Ölwanne hat einen Riss.«

»Es ist ein sehr eleganter Wagen«, sagt Brinkmann, »viel Freude damit.«

»Einen schönen Sonntag noch«, sagt der Mann, »und auf hoffentlich bald einmal.« Er legt sich wieder auf das Brett und rollt zurück unter den Motorraum.

Brinkmann stellt seinen Fuß auf die Stoßstange. Das Chrom blendet ihn in der Sonne. Mit seinem ganzen Gewicht drückt er dagegen. Die beiden Wagenheber knicken um, das Auto rutscht auf den Mann.

Es ist ein hässlicher Tod, wird später ein Gerichtsmediziner zu den Ermittlern sagen, es gebe so etwas öfter. Der ungeheure Druck auf den

Brustkorb presst das Blut in den Kopf und in die Füße. Tausende kleiner Gefäße bersten, es sieht aus wie die Stiche eines winzigen Insekts. Das Gesicht schwillt an und färbt sich dunkel rotviolett. Schrauben, Schellen und Eisenteile bilden sich auf der Haut ab. Das Opfer erstickt.

Brinkmann dreht sich um und geht zurück zu seinem Haus. Er streicht über die Rhododendren in seinem Vorgarten. Emily hatte sie gepflanzt, der Herbst sei dafür die beste Jahreszeit, hatte sie damals gesagt.

*

Die Beerdigung ist zwei Wochen später. Es ist dieselbe Kirche, in der Brinkmann die Totenmesse für Emily gehört hatte, und er trägt denselben Anzug wie damals. Er sitzt hinter Antonia, mehrfach dreht sie sich zu ihm um.

In den folgenden Wochen kümmert er sich um sie, hilft ihr mit den Behörden, fährt sie in die Stadt, tröstet sie. Oft essen sie jetzt zusammen zu Abend, sie redet immer noch viel von ihrem Mann. Im Frühjahr schlägt Brinkmann vor, sie solle mit nach Sardinien kommen, er habe ein Haus am Meer gemietet. »Es ist besser, wenn Sie jetzt nicht alleine bleiben«, sagt er.

Gegen Brinkmann wird nie ermittelt, nach dem Polizeibericht war es ein Unfall. Nur einmal, Jahre später, wird er an einem Sommernachmittag seinem Anwalt davon erzählen. Er wird sagen, er empfinde keine Reue und keine Schuld, er schlafe nicht einmal schlecht und nichts quäle ihn. Und dann wird sich die Terrassentür öffnen, und Antonia wird fragen, ob er nicht Lust habe in den Pool zu kommen, das Wasser sei herrlich.

Der kleine Mann

Strelitz ist 43 Jahre alt, unverheiratet, kinderlos. Und er ist klein. Er hat kleine Hände, kleine Füße und eine kleine Nase. Er trägt spezielle Plateauschuhe, die ihn fünf Zentimeter größer machen. In seinem Wohnzimmer steht eine Sammlung von Biografien kleiner Männer: Napoleon, Cäsar, Mussolini, Marquis de Sade, Kant, Sartre, Capote, Karajan, Einstein. Er liest jede Studie über kleine Männer, er weiß, dass sie eine höhere Lebenserwartung haben, stabilere Ehen führen und seltener Hodenkrebs bekommen. Die Größe von Tom Cruise (1,70 Meter), Dustin Hoffman (1,67 Meter) und Prince (1,57 Meter) weiß er auswendig. Er hat alle Filme mit Humphrey Bogart (1,67 Meter) gesehen, in seinem Badezimmer klebt ein Foto des Schauspielers am Spiegel. Die beiden Passagen über Bogarts Körpergröße aus seinem Lieblingsfilm »The Big Sleep« kann er auswendig:

Martha Vickers: »Ein bisschen klein sind Sie geraten.«

Humphrey Bogart: »Na ja, das ist unabsichtlich.«

Ein paar Minuten später trifft Bogart das erste Mal Lauren Bacall.

Bacall: »Sie sind Privatdetektiv? Ich wusste gar nicht, dass es welche gibt, außer in Kriminalromanen – schmutzige, kleine Männer, die in Hotels herumschnüffeln. Sehr attraktiv sehen Sie auch nicht aus.«

Bogart: »Ich bin eben ein bisschen klein geraten. Das nächste Mal werd ich auf Stelzen kommen, 'ne weiße Krawatte tragen und 'nen Tennisschläger unterm Arm.«

Bacall: »Ich bezweifle, ob das viel helfen würde.«

Im Film bekommt Bogart natürlich die Schöne, aber eigentlich hat Bacall recht, denkt Strelitz. Nichts hilft. Er hat alles versucht, die Frauen finden ihn nicht attraktiv. Er hat einen Wagen gekauft, der viel zu teuer für ihn war, ist in Clubs gegangen und hat sein Geld für Drinks und Champagner ausgegeben – ohne Erfolg. Die Frauen ließen sich von ihm einladen und verschwanden mit anderen Männern. Eine Zeit lang setzte er auf gebildete Frauen, er belegte Philosophie- und Literaturkurse in der Volkshochschule, ging zu Lesungen, ins Theater und die Oper – wieder nichts. Er meldete sich auf vier Partnerschaftsbörsen gleichzeitig an, seine Fotos fanden die Frauen sympathisch, und er hatte keine Schwierigkeiten, sich mit ihnen online zu unterhalten. Aber sobald er seine Größe nannte, wurde er uninteressant. Wenn er sie verschwieg und sich mit einer Frau zum Abendessen traf, sah er sofort ihre Enttäuschung. Sie blieben freundlich, aber irgendwann sagten sie, er sei nicht der, den sie sich vorgestellt hatten. Es liege nicht an seiner Größe, natürlich nicht, auf die Größe käme es nicht an, es ginge doch um die anderen, die »inneren Werte«. Und dabei hatten sie diesen mitleidigen Blick, den er hasste.

Strelitz wohnt in Kreuzberg, einem Stadtteil von Berlin. Er ist stellvertretender Leiter eines Supermarktes. Die Miete für seine Wohnung ist niedrig, er fährt jedes Jahr über Weihnachten für eine Woche nach Tirol und im Sommer zwei Wochen nach Teneriffa. Er hat ein bisschen Geld gespart, besitzt einen vier Jahre alten BMW und ist Mitglied in einem Fitnessclub.

Wie fast jeden Abend geht Strelitz auch an diesem Samstag in das türkische Restaurant gegenüber seiner Wohnung. Er bestellt gebratenes Lamm, Salat und ein Bier. Dann nimmt er aus seiner Aktentasche den Laptop und sieht die wöchentlichen Bestellungen für den Supermarkt durch. Der Wirt bringt das Essen, sie unterhalten sich kurz. Strelitz klappt den Laptop zu. Er isst langsam, weil er heute nichts mehr zu tun hat. Nach dem Essen trinkt er drei Gläser Raki, türkischen Anisschnaps.

Am Nebentisch sitzen zwei Männer, die er schon oft in dem Restaurant gesehen hat. Einer der beiden ist sehr dick, auf seinem Hals ist ein schwarzer Wolf tätowiert. Der andere ist groß und trägt eine Wollmütze. Sie sprechen leise. Der große Mann schiebt unter dem Tisch mit dem Fuß eine Sporttasche zu dem Tätowierten. Der Tätowierte nimmt sie, steht auf und verlässt das Restaurant. Er überquert die schmale Straße, geht zu Strelitz' Haus und verschwindet hinter der Tür. Nach ein paar Minuten kommt er ohne Tasche zurück und setzt sich wieder an den Tisch. Die beiden Männer wirken jetzt entspannt. Der Tätowierte holt aus seiner Jacke eine elektrische Shisha-Pfeife und beginnt zu rauchen. Nach einer Viertelstunde zahlen sie. Auf der Straße verabschieden sie sich und gehen in verschiedene Richtungen.

Strelitz lebt lange genug in Kreuzberg, um zu wissen, worum es geht. Die Männer benutzen sein Haus als Drogenversteck, »Bunker« nennen sie solche Orte. Strelitz bestellt noch einen Schnaps, er will in Ruhe nachdenken. Wenn er die Polizei riefe, würden sie ihn vernehmen und sein Name stünde dann in den Akten. Er hat das oft genug bei Diebstählen im Supermarkt erlebt. Es ist besser, einfach zu warten. In ein paar Tagen werden sich die Dealer ein neues Versteck suchen, und die Sache hat sich erledigt.

Strelitz trinkt aus und verlangt die Rechnung. Er geht hoch in seine Wohnung, setzt sich auf das Sofa und schaltet den Fernseher ein. Er kann sich nicht auf den Film konzentrieren. Er nimmt eine Taschenlampe und geht in den Keller. In einem Verschlag findet er unter Brettern, Bauschutt und alten Lackdosen die schwarze Tasche. Strelitz öffnet sie. Es sind fünf Pakete, jedes etwa ein Kilogramm schwer, dick mit Cellophanfolie umwickelt. Sie riechen nach Benzin, Essig und feuchtem Kalk. Strelitz legt sie zurück und denkt lange nach. Dann verlässt er das Haus und geht wieder in das Restaurant. Er wartet, bis er der letzte Gast ist.

Der Wirt kommt an seinen Tisch und lacht: »Immer noch Hunger?«

»Nein«, sagt Strelitz. Er kennt den Wirt seit vielen Jahren.

»Wollen Sie etwas trinken? Noch einen besonderen Raki vielleicht?«

»Gerne.«

Der Wirt holt eine Flasche ohne Etikett und setzt sich zu ihm. Er schenkt zwei Gläser voll.

»Selbst gebrannt, von meiner Mutter.« Er zieht seine Schürze aus und hängt sie über einen leeren Stuhl.

»Danke«, sagt Strelitz. Sie trinken. Der Wirt schenkt nach.

»Was macht die Arbeit?«

»Wie immer.«

»Und die Frauen?«

»Na ja.« Strelitz zuckt mit den Schultern. Der Wirt lacht.

»Kann ich Sie etwas fragen?«, sagt Strelitz. Der Alkohol ist warm in seinem Magen.

»Was?«

»Ich erinnere mich, dass vor ein paar Jahren hier eine Razzia war. Die Leute sagten später, es sei wegen Drogen gewesen.«

»Sie haben nichts gefunden«, sagt der Wirt. Er will aufstehen.

»Bleiben Sie doch bitte sitzen«, sagt Strelitz. »Darum geht es mir doch gar nicht. Sie sind der Einzige, den ich fragen kann.«

»Ja?«

»Was kostet ein Kilo Kokain?«

Der Wirt zieht die Augenbrauen hoch. »Kommt auf die Qualität an. Zwischen zwanzig und dreißig.«

»Zwanzigtausend?« Strelitz ist erstaunt.

»Ja. Aber was wollen Sie mit einem Kilo Kokain?«

»Nichts.«

»Warum fragen Sie dann?«

»Nur so.«

Der Wirt schenkt die Gläser wieder voll. Sie trinken schweigend.

»Ich will es verkaufen«, sagt Strelitz nach einer Weile.

»Sie haben ein Kilo Kokain?« Der Wirt sieht ihn an.

Strelitz nickt. Er ist jetzt etwas aufgeregt.

»Ich kann jemanden anrufen«, sagt der Wirt nach einer Weile und schenkt die Gläser wieder voll.

»Wen?«

»Einen Bekannten.«

»Und dieser Bekannte, vertrauen Sie ihm?«

»Natürlich vertraue ich ihm, er handelt mit Drogen.« Der Wirt lacht und Strelitz lacht diesmal mit. Zwei Männer unter sich, beide gelten etwas im Viertel, denkt Strelitz. Er spürt den Alkohol.

»Und wie viel bekommen Sie?«, fragt Strelitz.

»20 Prozent.« Der Wirt ist plötzlich ernst. »Aber das ist kein Spiel. Wenn Du damit beginnst, musst Du es auch zu Ende bringen.« Der Wirt duzt ihn. Strelitz gehört jetzt dazu, er ist stolz.

»Wie lange dauert es, bis der Bekannte hier sein könnte?«

»Ich rufe ihn an, er sagt, wann er kommt. Du bringst das Kilo hierher, und dann sehen wir weiter.«

»Gut.«

»Du hast das Kilo wirklich?«

»Es sind fünf«, sagt Strelitz.

»Fünf Kilo?« Der Wirt atmet laut aus. »Ich frage Dich nicht, woher Du die hast, aber wenn es Ärger gibt, ist es Dein Ärger, nicht meiner. Bist Du sicher, dass Du das willst?«

Strelitz nickt. Der Wirt steht auf, geht in einen Nebenraum und kommt mit einem kleinen Notizbuch wieder. Er setzt seine Lesebrille auf und tippt eine Telefonnummer in sein Handy. Er spricht ein paar Sätze auf Türkisch, sieht Strelitz an, spricht weiter und sagt dann: »Mein Bekannter kann in zehn Minuten da sein. Ist das okay?«

»Ja«, sagt Strelitz.

»Wir treffen uns in der Küche. Nimm den Hintereingang, ich schließe den Laden ab.«

Strelitz trinkt aus. Erst als er aufsteht, merkt er, wie betrunken er ist. Er geht über die Straße und holt aus seiner Wohnung das Pfefferspray, das er immer als Schutz vor den Hunden dabeihat, wenn er im Park joggen geht. In dem Kellerverschlag setzt er sich auf ein Brett und öffnet wieder die Tasche. Es ist alles noch da. Er wartet ein paar Minuten und versucht nüchtern zu werden. Dann nimmt er die Tasche.

Vor dem Restaurant auf der anderen Straßenseite sieht Strelitz den dicken Mann mit dem tätowierten Wolf. Der Tätowierte bleibt stehen. Er starrt Strelitz an. Einen Moment lang bewegen sich beide Männer nicht. Strelitz rennt zuerst los. Sein Auto parkt am Ende der Straße, es sind etwa 500 Meter bis dorthin. Der Tätowierte brüllt. Im Lauf zieht Strelitz den Autoschlüssel aus seiner Jacke und drückt auf die Fernbedienung. Die Verriegelung des BMW springt auf, Strelitz öffnet die Tür, wirft die Tasche auf die Beifahrerseite und lässt sich in den Sitz fallen. Der Tätowierte brüllt noch immer, sein Gesicht ist rot und verschwitzt, er erreicht den Wagen. Strelitz startet und schlägt das Lenkrad ganz ein. Der Tätowierte reißt die Fahrertür auf und greift nach Strelitz' Hals. Strelitz sprüht das Pfefferspray ins Gesicht des Tätowierten und drückt das Gaspedal durch. Der Tätowierte muss loslassen, sein Unterarm klatscht gegen den Türrahmen, er schreit vor Schmerzen. Die Tür schlägt zu. Die Hälfte des Sprays ist noch im Wagen, Strelitz' Gesicht brennt, die Haut schwillt an, seine Augen tränen. Er hustet und spuckt. Im Rückspiegel sieht er den Tätowierten auf der Straße liegen, er krümmt sich und hält seinen linken Fuß umklammert. Strelitz sieht nichts mehr. Der Wagen schlingert und streift zwei parkende Autos. Er bleibt auf dem Gaspedal, rast auf die Kreuzung, verliert die Kontrolle und prallt frontal gegen einen Brückenpfeiler der Hochbahn. Die Wucht hebt ihn aus dem Sitz, sein Kopf schlägt gegen die Frontscheibe, er verliert das Bewusstsein.

Siebzehn Stunden später sitzt er vor der Ermittlungsrichterin des Amtsgerichts. In der Sporttasche seien 4,8 Kilogramm fast reines Kokain gewesen, sagt die Richterin. Und er habe eine Waffe bei sich gehabt, das Pfefferspray. Sie liest ihm das Gesetz vor, ihn erwarte eine Freiheitsstrafe nicht unter fünf Jahren. Er könne jetzt etwas dazu sagen, müsse das aber nicht tun.

Strelitz trägt eine fleischfarbene Halskrause, sein Nacken schmerzt, und seine Augen sind noch immer gerötet. Er wolle erst nachdenken, sagt er. Die Richterin erlässt einen Haftbefehl wegen des Drogendeliktes.

*

Strelitz wird in die Haftanstalt gebracht. Er hat Gefängnisfilme gesehen, sadistische Wärter, Essen aus dem Blechnapf, Gefangene, die unter der Dusche vergewaltigt oder mit selbst gebastelten Messern erstochen werden. Aber nichts davon passiert. Er bekommt eine Einzelzelle. Und dann verändert sich alles. Zum ersten Mal in seinem Leben wird er mit Hochachtung angesehen. Der Haftbefehl ist sein Ausweis: 4,8 Kilogramm Kokain, Flucht mit dem Wagen, kein Geständnis. Strelitz ist kein Kleindealer, sondern jemand, den man hier respektiert. Niemand macht sich mehr über seine Größe lustig, keine Worte wie »Zwerg«, »Liliputaner«, »Gnom«, keine Sätze wie »das verstehst Du erst, wenn Du groß bist«. Ein Gefangener kennt Strelitz aus dem Supermarkt. Er erzählt herum, Strelitz habe den Markt nur als Tarnung für seine Drogengeschäfte benutzt. Strelitz widerspricht nicht. Wenn er gefragt wird, warum er noch nie erwischt worden sei, lächelt er und hofft, dass es geheimnisvoll aussieht.

Sechs Wochen vor dem Prozess wird Strelitz ein Strafbefehl zugestellt. Es geht um seine Flucht, die Trunkenheitsfahrt und den Unfall. Er hat 1,6 Promille Alkohol im Blut gehabt. Die Strafe ist nicht hoch, 90 Tagessätze in Höhe von 30 Euro, einen Monat Entzug der Fahrerlaubnis. Er könne innerhalb von zwei Wochen Einspruch einlegen, wenn er das wolle, sagt der Wachtmeister. Strelitz winkt großzügig ab. Angesichts des Drogendeliktes spiele das doch keine Rolle, sagt er.

*

Nach vier Monaten Untersuchungshaft beginnt die Verhandlung. Strelitz sagt zu dem Wachtmeister, der ihn zum Gerichtssaal bringt, es sei sein erster Prozess.

»Ist meistens langweilig«, sagt der Wachtmeister, »immer das Gleiche.«

»Es ist schon halb zwölf, auf meiner Ladung steht neun Uhr«, sagt Strelitz.

»Kommt vor. Die fangen oft mit Verspätung an.«

»Sind sehr viele Zuschauer da?«, fragt Strelitz.

»Nein. Ist ja nichts Besonderes. In einem anderen Saal wird gegen eine Kindsmörderin verhandelt. Da ist was los.«

Strelitz ist enttäuscht.

Als er in den Saal kommt, tragen die Richter, der Staatsanwalt und seine Verteidigerin keine Roben, es sind keine Zuschauer im Saal, der Staatsanwalt trinkt aus einer Wasserflasche.

»Bitte nehmen Sie Platz, Herr Strelitz«, sagt der Vorsitzende. »Wir haben die Sache nicht aufgerufen.«

Strelitz versteht es nicht.

»Ist es richtig, dass Ihnen vor sechs Wochen ein Strafbefehl wegen der Trunkenheitsfahrt zugestellt wurde?«, fragt der Vorsitzende.

Strelitz sieht zu seiner Anwältin. Sie nickt ihm zu.

»Ja«, sagt Strelitz.

»Und Sie haben keinen Einspruch eingelegt?«

»Nein.« Strelitz glaubt, etwas falsch gemacht zu haben.

»Wir haben davon erst heute Morgen erfahren.«

»Das tut mir leid«, sagt Strelitz.

»Ich will versuchen, es Ihnen zu erklären«, sagt der Vorsitzende. »Vielleicht wissen Sie, dass unsere Gesetze es verbieten, einen Menschen zweimal für die gleiche Tat zu verurteilen.«

»Ja.«

»Wir Juristen nennen das auf Lateinisch *ne bis in idem*, übersetzt heißt das: *nicht zweimal in der gleichen Sache*. Es ist ein Grundsatz des fairen Strafprozesses, dass niemand für dasselbe Verbrechen mehrmals bestraft werden darf. In Ihrem Fall ist das so: Das Amtsgericht hat Sie mit dem Strafbefehl wegen der Trunkenheitsfahrt verurteilt. Heute soll über die Drogenstraftat verhandelt werden. Das sind *zwei* Straftaten. Aber so einfach ist es eben nicht. Wenn wir im Gericht nämlich von *Tat* sprechen, meinen wir das Verhalten des Täters, soweit es einen so genannten *einheitlichen Lebensvorgang* bildet. Wenn Sie zum Beispiel ein Auto stehlen und fahren damit zu einer Bank, die Sie überfallen, sprechen wir nur von *einer* Tat. Das Stehlen des Autos und der Banküberfall sind zwar in Wirklichkeit *zwei*

Taten, aber sie lassen sich nur gemeinsam beurteilen. Verstehen Sie das?«

»Ich weiß nicht«, sagt Strelitz.

»Wir sind nun der Ansicht, dass die Trunkenheitsfahrt und das Drogendelikt nicht voneinander getrennt werden können, weil die Fahrt gerade dem Transport der Betäubungsmittel diente. Die *zwei* Taten – Fahrt und Drogendelikt – sind also rechtlich gesehen nur *eine* Tat. Und weil Sie dafür bereits verurteilt wurden, kann jetzt nicht noch einmal gegen Sie verhandelt werden.«

Strelitz starrt den Vorsitzenden an.

»Lassen Sie es sich von Ihrer Anwältin noch einmal erklären. Der Prozess kann jedenfalls nicht stattfinden, weil die Kollegen beim Amtsgericht einen Fehler gemacht haben. Das Verfahren wird nach § 206a Absatz 1 der Strafprozessordnung eingestellt. Der Haftbefehl des Amtsgerichts wird aufgehoben.«

Die Richter verlassen den Gerichtssaal. Die Anwältin legt ihre Hand auf Strelitz' Schulter. Sie ist einen Kopf größer als er.

»Was ist passiert?«, fragt Strelitz.

»Sie hatten Glück«, sagt die Anwältin. »Sie sind frei, ich gratuliere Ihnen. Sie wurden nur wegen des *kleinen* Deliktes verurteilt.«

Der Taucher

Karfreitag

Die Kirche ist ihr vertraut, die Holzbänke, die gekalkten Wände, die hohen Fenster. Hier ist ihre Erstkommunion gewesen, hier hat sie geheiratet. Sie sitzt in der dritten Reihe, der gleiche Platz wie immer. Ihr Sohn ist seit einer Woche mit seinen Großeltern beim Skifahren.

»Das ist die Todesstunde des Herrn«, sagt der Priester.

Es ist der Tag der Kreuzigung. Heute gibt es keine Kerzen, keinen Weihrauch, der Altar ist nackt, das Flügelbild zugeklappt. Der Priester trägt eine dunkelrote Soutane. Sie mag den immer gleichen Ablauf der Messe, das Knien, das Aufstehen, das Beten, es hat sie immer beruhigt.

Sie denkt wieder an ihren Mann. Vor siebzehn Jahren haben sie sich in der Firma kennengelernt, dem größten Unternehmen im Umkreis, einem Zulieferer der Automobilindustrie. Sie arbeitete damals im Chefsekretariat. Er kam aus Norddeutschland, ein jungenhaft schlaksiger Mann. Schon bevor sie ihn das erste Mal sah, hatte sie sich in sein Bewerbungsfoto verliebt. Auf dem Bild war er so ordentlich, glatt rasiert, die Haare gescheitelt. Sein Lebenslauf war lückenlos und ohne Rechtschreibfehler, das Papier sauber. Alles daran gefiel ihr.

Als er eingestellt wurde, gratulierte sie ihm. Ein paarmal aßen sie mittags zusammen in der Werkskantine, irgendwann lud er sie ins Kino ein. An diesem ersten Abend trug er eine neue Wildlederjacke mit Strickbündchen, er roch nach Seife und Menthol, sie berührte seine weißen Hände. Vier Tage später schliefen sie miteinander.

Er machte Karriere in der Firma, Werkmeister, Chefingenieur. Ihr Vater hatte sie vor der Hochzeit gewarnt, der Mann komme nicht von hier, die Berge, der Föhn, das könne einen Menschen verändern. Sie heirateten trotzdem und bauten draußen auf dem Hofgrundstück ihrer Eltern ein Haus, Blick über Wiesen und Felder und weiter bis zu den Alpen. Im Dorf hatte sie die Grundschule besucht, ihre erste Liebe war der Sohn des Gastwirts gewesen, ihre beste Freundin die Tochter des Bäckers. Sie fühlte sich wohl, es schien gut zu gehen.

»Christus nahm als Mensch alle Sünden auf sich«, sagt der Priester. In der Bank vor ihr sitzt der Apotheker, sie zählt die Altersflecken auf seiner Glatze. Ein Baby schreit während der Fürbitten. Sie dreht sich nicht um, das gehört sich nicht. Aber in ihr wird es warm, sie erinnert sich an ihren eigenen Sohn.

Mit der Geburt hatte sich alles verändert. Ihr Mann war im Kreißsaal gewesen, er hatte es so gewollt. Der Arzt achtete nicht auf ihn. Später erfuhr sie, dass ihr Mann zugesehen hatte, wie sich ihre Vagina öffnete, dass er ihr Blut, ihren Urin und ihren Kot gerochen haben musste. Der Arzt legte das Kind auf ihren Bauch, er sagte, es sei noch voller Käseschmiere. Das Wort wiederholte er später oft.

Als sie mit dem Neugeborenen nach Hause kam, war er fürsorglich. Er kaufte ein, kochte, räumte auf und brachte ihr nachts das Baby, wenn es schrie. Er zog jetzt abends vor der Haustür seine Schuhe aus, wischte die Sohlen sauber und stellte sie auf einen Lappen. Er trug keine Münzen mehr in seinen Hosentaschen, die hätten so viele angefasst, sagte er. Dann wurde es schlimmer. Nachts wachte er immer wieder auf, er schrie und war nass geschwitzt. Er habe von seinen Fußnägeln geträumt, sagte er, sie seien schwarz gewesen, riesenhaft vergrößert hätten sie ihn angestarrt.

Der Sex wurde kompliziert. Er wollte nicht mehr im Bett mit ihr schlafen, er dürfe die Laken nicht beschmutzen. Das Badezimmer sei der richtige Ort, die Kacheln seien leicht zu reinigen. Eine Zeit lang machte sie das mit, aber bald begriff sie, dass er sich überwinden musste, wenn er sie anfasste. In einer Nacht fand sie ihn auf dem Boden im Badezimmer vor der Heizung, er onanierte im Sitzen mit einem Seil um den Hals, während er Pornos auf seinem Handy ansah. Sie wollte die Tür schnell wieder schließen, aber er bat sie zu bleiben. Nachdem er gekommen war, sagte er, es ginge nur noch so. Immer sehe er den Kopf des Sohnes aus ihr herauskommen, seine nassen schwarzen Haare zwischen ihren Beinen.

Er wurde still. Wenn er aus der Fabrik kam, setzte er sich vor dem Haus auf die Bank. Stundenlang blieb er regungslos dort, das Kinn auf die angezogenen Knie gestützt, er sah hoch in die Berge. Wenn sie ihn ansprach, antwortete er nicht. Nur wenn sie im Bett lagen, sagte er manchmal noch etwas, dunkle Sätze, die sie nicht verstand. Er sprach über Tiefseefische ohne Augen und Planeten aus ewigem Eis.

In der ersten Abmahnung der Firma stand, er habe einen wichtigen Termin versäumt, in der zweiten, er habe sich stundenlang in seinem Büro eingeschlossen. In der Metzgerei hörte sie Nachbarn über ihren Mann reden. Und dann begann die Sache mit dem Taucheranzug.

Nach der Messe stehen alle im Kirchhof. Sie gibt dem Priester die Hand. Auf dem Weg nach Hause sieht sie in den Vorgärten Himmelsschlüssel und Buschwindröschen blühen, es ist hellblau und windig, ein Frühlingstag, die Haare wehen ihr ins Gesicht.

Halb sitzend, das Gesäß ein paar Zentimeter über dem Boden, hängt ihr Mann an einem Seil, das um den Sprossenheizkörper im Badezimmer gebunden ist. Er trägt den schwarzen Taucheranzug, den er sich zu ihrer Hochzeitsreise auf die Malediven gekauft hat. Auf jeden Zentimeter des Anzugs sind kleine Stücke Scheiblettenkäse gepresst, sie kleben auf dem Gummi, die Cellophanfolien liegen neben dem Körper. Eine durchsichtige Frischhaltefolie ist um seinen Kopf gewickelt, sein Gesicht seltsam glattgezogen. Aus einem Loch im Anzug hängen seine Genitalien, sie sehen aus wie ein Tier.

Sie breitet ein Handtuch über sein Geschlecht und setzt sich auf den Rand der Badewanne. Sie weiß nicht, wie viel Zeit vergeht. Irgendwann kniet sie sich neben den Toten. Sie legt seinen Kopf in ihre Armbeuge, nimmt die Folie von seinem Gesicht und streicht ihm über die Haare. Sie sammelt die Käsescheiben ein, einige sind bereits zerlaufen. Sie braucht fast zwei Stunden, um ihn auszuziehen und auf das Bett zu wuchten. Sie ist erschöpft und wütend. Sie deckt ihn zu, legt sich neben ihn und weint fast zwanzig Minuten. Dann schläft sie ein.

Als sie wieder aufwacht, fühlt sie sich klar und wahrhaftig. Sie duscht heiß und lange, schminkt sich und zieht neue Kleidung an. Vom Wohnzimmer aus telefoniert sie mit dem Hausarzt.

Der Arzt sieht die punktförmigen Unterblutungen in den Augen des Toten und die Verletzung am Hals. Er müsse die Polizei rufen, sagt er zu ihr, das sei kein natürlicher Tod gewesen. Sie warten in der Küche, bis die Kriminalpolizisten aus der Kreisstadt eintreffen. Es ist schon nach Mitternacht.

Auf dem Polizeirevier werden ihr Schnürsenkel und Gürtel abgenommen. Selbstmordgefahr, sagt die Beamtin. Hausschlüssel, Uhr, Kette, Ehering und Handtasche muss sie in einen roten Plastikkasten legen. Sie wird abgetastet.

Bei der Vernehmung sagt sie immer wieder, sie habe ihren Mann im Bett gefunden. Der Beamte ist jung, er hat über die Feiertage Dienst, weil er noch nicht verheiratet ist und keine Kinder hat. Er sagt, sie habe ihren Mann im Bett erdrosselt, während er schlief. Danach habe sie geduscht und den Hausarzt gerufen. Die Handtücher im Badezimmer seien noch feucht gewesen. Es habe keinen Sinn, weiter zu leugnen, sie solle nur sagen, warum sie es getan habe. Als sie nicht mehr antwortet, wird sie zurück in die Zelle geführt.

Ostersamstag

Das Polizeirevier ist ein Waschbetonbau aus den 60er-Jahren. Sie wird in das Besprechungszimmer zu einem Anwalt gebracht. Tische, Stühle und Computer sind mit Plastikfolie abgedeckt, es riecht nach Farbe und Lack. Sie sagt, sie müsse duschen. Der Polizist entschuldigt sich, es sei nicht möglich, das ganze Gebäude werde gerade renoviert. Ihre Handschellen werden abgenommen.

Als sie mit dem Anwalt allein ist, wiederholt sie, was sie zu dem Polizisten gesagt hat. Der Anwalt hört zu, er dreht einen Füllfederhalter zwischen seinen Fingern und sieht sie an. Oft sei es besser, sagt er, wenn ein Verteidiger die Wahrheit nicht kenne. Es sei so einfacher zu zweifeln, die Lücken in der Anklage zu finden, das Unvollständige und Unlogische. Aber hier sei es anders. Zu viel spreche schon gegen sie. Sie würde in Untersuchungshaft kommen, und auch wenn nach Monaten vielleicht eine Verteidigung gelänge, sei ihre Existenz in dem Dorf längst zerstört.

Sie sieht aus dem Fenster und schweigt. Am Montag werden die Osterfeuer entzündet, das ist das Ende der dunklen Jahreszeit, daran denkt sie jetzt. Mit flachen Händen streicht sie so lange über die Plastikfolie auf dem Tisch, bis keine Falte mehr sichtbar ist. Plötzlich spricht sie sehr schnell, sie erzählt von ihrer Ehe, ihrem Mann und ihrem Sohn. »Er war ja nicht mehr normal«, sagt sie. Sie wisse den Grund nicht, vielleicht sei es doch der Föhn gewesen, der von den Bergen herunterkomme. Sie beschreibt, wie sie ihn wirklich gefunden habe. Das Dorf dürfe davon nie erfahren, sie müsse dort doch weiterleben. Nur deshalb habe sie ihn ins Bett gelegt, sie habe ihn und sich selbst vor dem Skandal schützen wollen, das werde man sonst nie wieder los. Der Anwalt unterbricht sie nicht. Was bloß mit ihm los gewesen sei, fragt sie und beginnt zu weinen. Der Anwalt hebt seinen Kopf. »Menschen tun so etwas«, sagt er. Er gibt ihr ein Taschentuch. Die Haftbefehlsverkündung sei morgen, weil sie erst heute festgenommen worden sei, er werde mit dem Richter sprechen.

Später bringt ein Beamter belegte Brote, Joghurt und Getränke in ihre Zelle, kaltes Essen, weil die Kantine leider auch geschlossen sei. Er beugt sich vor, sie dürfe das eigentlich nicht wissen, aber die Mordkommission habe jetzt den schwarzen Plastiksack mit dem Taucheranzug in ihrer Garage gefunden. Alle würden auf das Gutachten der Gerichtsmedizin warten.

Das Essen rührt sie nicht an. Auch in dieser Nacht schläft sie kaum.

Ostersonntag

Sie sitzt auf einer Holzbank vor dem Amtszimmer des Richters. Der Anwalt spricht leise mit ihr. Wenn ein Mann erregt sei, werde lange vor seiner Ejakulation eine Drüse hinter der Blase stimuliert. Sie sondere ein Sekret ab, und mit dieser Flüssigkeit würden auch winzige Mengen von Sperma austreten. Der Gerichtsmediziner habe solche Spuren auf dem Taucheranzug gefunden. Es fällt ihr schwer zuzuhören, die Worte sind ihr unangenehm. Das gefundene Seil passe zur Strangmarke, sagt der Anwalt. Auf dem Käse, den Cellophanverpackungen und der Frischhaltefolie seien die Fingerabdrücke des Toten. Das entlaste sie. Trotzdem habe die Staatsanwältin den Erlass eines Haftbefehls beantragt. Tötungsdelikte seien hier selten, sie wolle eine Entscheidung des Ermittlungsrichters.

Der Richter trägt eine Cordjacke und ein kariertes Hemd. Er sieht nicht aus, wie ein Richter aussehen soll, denkt sie. Sie stellt sich vor, wie er lebt, wenn er nicht verhandelt, wie er zu Mittag isst, seine Kinder zur Schule bringt, abends vor dem Fernseher sitzt. Der Richter fragt, ob sie aussagen wolle, sie schüttelt den Kopf. Der Anwalt erzählt noch einmal die ganze Geschichte. Sie hört zu, aber das alles klingt weit weg, unwirklich, ihr Mann ist ein Fremder. Sie will nach Hause und weiß nicht, wohin.

Der Richter bittet den Gerichtsmediziner ins Zimmer, er wird als Sachverständiger vereidigt. Der Arzt sagt, die Todesursache sei eindeutig, das Seil habe die Halsschlagadern des Mannes abgeschnürt, er sei erstickt. Warum sich Menschen das antäten, sei noch nicht vollständig erforscht, aber man wisse seit Langem, dass Sauerstoffmangel im Gehirn den Orgasmus verstärke. Vermutlich sei das Limbische System verantwortlich, möglicherweise auch das Rückenmark. Solche Praktiken seien seit Jahrhunderten bekannt. Schon die Griechen hätten davon gewusst und auf antiken römischen Vasen finde man Bilder vom Strangulieren zur Steigerung der Lust.

»Er hat es vermutlich schon oft gemacht, an seinem Kehlkopf haben wir ältere Verletzungen gefunden«, sagt der Gerichtsmediziner.

»Wozu diente die Frischhaltefolie?«, fragt der Richter.

»Es wird sich um einen Fetisch handeln, der Geruch von Käse, Plastik und Gummi hat ihn wahrscheinlich erregt. Jedenfalls können wir ausschließen, dass die Folie für den Tod verantwortlich war. Wir haben Löcher in ihr gefunden, er konnte durch sie atmen, an ihren Rändern klebten Speichelreste des Verstorbenen.«

»Sind solche Dinge wie der Scheiblettenkäse und der Taucheranzug nicht merkwürdig?«

»So etwas passiert immer wieder. Vor ein paar

Monaten haben wir jemanden in einem Plastiksack gefunden. Der Mann trug Damenunterwäsche, war an den Beinen gefesselt und hatte den Sack über sich verschlossen. Er ließ einen Staubsauger die Luft aus dem Sack saugen. Den Staubsauger schaltete er über einen Kippschalter ein, der an einem Kabel im Sack befestigt war. Es war eine recht komplizierte Konstruktion. Der Mann hatte nur einen Fehler gemacht: Der Staubsauger war zu stark. In wenigen Sekunden war keine Luft mehr im Sack, und die Hülle wurde so fest an seinen Körper gepresst, dass er nicht mehr an den Schalter kam. Der Staubsauger lief weiter, der Mann erstickte.«

Der Richter nickt. »Und was genau ist in unserem Fall geschehen – jedenfalls soweit Sie es wissen?«

»Der Mann band ein Seil an der Heizung fest, legte es sich um den Hals, ließ sich langsam heruntergleiten und onanierte dabei. Die Schlinge zog sich zu. Nur wenig Druck ist nötig, um die Halsschlagadern zu verschließen.«

»Ist das ein qualvoller Tod?«

»Nein. Es geht sehr schnell, es bleibt keine Zeit für ein Erstickungsgefühl. Ein kompletter Verschluss der Halsschlagadern führt nach etwa fünfzehn Sekunden zur Bewusstlosigkeit. Bleibt die Kompression erhalten, tritt nach etwa zehn bis zwölf Minuten der Hirntod ein.«

»Sie sagen, er habe das vermutlich schon oft gemacht. Aber was ist nun dieses Mal schiefgegangen?«

»Es gibt viele Möglichkeiten. Wenn er zu lange an der Heizung hing, könnte er einfach keine Kraft mehr gehabt haben, sich zu befreien. Vielleicht hat er es versucht, ist abgerutscht, mit den Füßen auf den Kacheln ausgeglitten. Vielleicht ist er auch zu schnell bewusstlos geworden. Diese Art sich sexuell zu stimulieren, ist immer extrem gefährlich. Trotzdem tun es viele, weil sie sich so intensiver erleben. Menschen mit diesen Sexpraktiken sagen, sie hätten dann keinen Orgasmus – sie *seien* der Orgasmus. Sie tun es immer wieder, es ist mit einer Sucht vergleichbar.«

»Es gibt also keinen Hinweis auf eine Fremdeinwirkung, wenn ich Sie richtig verstehe«, sagt der Anwalt.

»Es lässt sich nicht vollständig ausschließen, dass eine weitere Person an seinem Tod mitgewirkt hat. Aber es ist auch ganz sicher nicht nachweisbar. Aus rechtsmedizinischer Sicht müssen wir also von einem Unfall ausgehen, ja.«

Alle sehen sich kurz an. Der Anwalt schreibt in sein Notizbuch, der Richter diktiert der Protokollführerin eine Zusammenfassung.

»Wenn es keine weiteren Fragen gibt…«, sagt der Richter und sieht die Staatsanwältin und den Anwalt an. Beide schütteln den Kopf. »…darf ich Sie als Sachverständigen entlassen. Vielen Dank, dass Sie sich heute die Zeit genommen haben. Ich wünsche Ihnen noch schöne Feiertage.«

Der Gerichtsmediziner räumt seine Papiere zusammen und verlässt das Amtszimmer. Die Staatsanwältin sagt, sie würde ihren Antrag auf Erlass eines Haftbefehls zurücknehmen. Der Richter nickt. Er zieht aus der Schreibtischschublade einen grünen Zettel und unterschreibt ihn. Dann sagt er, sie sei frei.

Ostermontag

Auf dem Altar liegen wieder die Tücher, das Bild ist aufgeklappt, in Marias Schoß liegt der Leichnam Jesu Christi. Vor der Messe ist ihr auf dem Kirchhof zum Tod ihres Mannes kondoliert worden, später werden die Nachbarn zum Kaffee vorbeikommen. Seine Beerdigung wird in zwei Wochen sein, sie wird mit dem Priester die Texte aussuchen, eine würdige, strenge Lesung. Niemand hat etwas von ihrer Inhaftierung mitbekommen, niemand wird es erfahren, das hatte der Anwalt versprochen. Heute Morgen stand sie vor der Sprossenheizung im Badezimmer. Er ist nicht hier, dachte sie.

Die Messe ist fröhlich, die Kirche kommt ihr heller vor als sonst. »Aus Gnade seid ihr gerettet«, sagt der Priester. Dann segnet er die Gemeinde, alle stehen auf und beginnen zu singen, das Lied kennt sie seit ihrer Kindheit. In diesem Moment beschließt sie, sich zu vergeben. Sie hat nur seinen Kopf gegen das Seil gedrückt, bis er ganz ruhig wurde, seine schmalen weißen Hände lagen friedlich auf dem Boden. Heute ist der Tag der Erlösung, »Kyrie Eleison«, nur daran will sie noch denken. Dann stimmt sie in das Auferstehungslied des Ostermontags ein.

Stinkefisch

In seinem Stadtteil brachten Eltern ihre Kinder nicht zur Schule. Ein paar Kilometer weiter, im Westen der Stadt, war es anders. Tom hatte es einmal gesehen. Dort hoben die Eltern die Schulranzen aus den Autos, sie küssten ihre Kinder und begleiteten sie bis zum Schultor. Die Eltern sahen sich ähnlich und die Kinder sahen sich auch ähnlich.

Aber hier, in seinem Viertel, lebten Menschen aus 160 Nationen. Es gab andere Regeln und die Kindheit war kürzer.

Sie trafen sich vor der Bäckerei, wie jeden Morgen. Toms Freund erzählte von einem Mädchen. Es sei nicht so einfach, man könne viel falsch machen, dann würden die Mädchen wegrennen und blöde Sachen über einen erzählen, sagte der Freund. Tom nickte, aber es interessierte ihn nicht. Er hatte im Supermarkt Zigaretten stehlen sollen, die anderen hatten draußen gewartet. Er hatte es nicht gekonnt.

Sie gingen den gleichen Weg wie immer, Tom und sein Freund und die anderen. Sie sprachen über die Mutprobe und waren ernst und leise. Tom hatte Angst.

Sie nannten den Mann *Stinkefisch*. An anderen Tagen wechselten sie vor seinem Haus die Straßenseite. Er saß dort immer auf einem Baststuhl unter dem Vordach. Auch bei Regen und Schnee saß er dort. Im letzten Krieg hatte eine Bombe Vorderhaus und Seitenhäuser zerstört, nur der hintere Teil des Gebäudes stand noch. Vor dem Haus wuchs Unkraut, Autoreifen lagen dort, verschimmelte Bretter, eine Spitzhacke ohne Stiel, ein aufgebrochener Sicherungskasten. Die Wände des Hauses schimmelten, im Souterrain waren die Fenster zerbrochen. Und dann war da noch der Geruch nach Fischmehl, verbrannter Milch und Benzin. An heißen Tagen stank es bis zur Schule. Es gab viele Geschichten über Stinkefisch. In den meisten Ländern werde er wegen Mordes gesucht, hieß es. Er sei gesehen worden, wie er im Fluss angele und lebenden Fischen die Köpfe abbeiße, in seinem Keller koche er Milch für die Ratten der Stadt. Manche sagten, er habe einen Schlüssel für die Schule, er gehe dort nachts durch die Gänge und lecke an den Metallspinden der Schüler.

Tom hatte den ganzen Weg über gehofft, Stinkefisch sei heute nicht da. Aber er war da, wie immer. Stinkefisch trug eine schwarze Sonnenbrille, seine Jacke hatte Löcher, seine Hose war schmutzig. Aber seine Schuhe glänzten, sie sahen aus wie sehr gute Schuhe, sie passten nicht zu dem Mann und sie passten nicht zu dem Gestank.

Sie blieben vor dem Grundstück stehen. Tom bettelte. »Ich kann es nochmals mit den Zigaretten versuchen, ich kann ganze Stangen mitbringen, diesmal schaffe ich es.« Er hatte die Sätze in seinem Kopf wieder und wieder gesagt, trotzdem klangen sie jetzt nicht so gut, wie er es sich vorgestellt hatte. Die anderen lehnten ab. »Zu spät«, sagten sie. Er müsse jetzt zu Stinkefisch gehen, mindestens fünf Schritte bis hinter den Zaun, und dort müsse er stehen bleiben und laut »Stinkefisch« brüllen. Oder aber er sei ein Feigling und jeder dürfe ihn ab heute so nennen.

Tom gab seinen Schulranzen den anderen. »Sie werden die Sachen meiner Mutter geben, wenn Stinkefisch mich tötet«, dachte er. Er ging durch das offene Gartentor und zählte die Schritte in Richtung des Hauses. Genau bei fünf blieb er stehen. Stinkefisch hatte sich bis jetzt nicht bewegt. Tom hielt den Gestank kaum aus. Das Moos auf den Steinplatten war feucht, obwohl es sehr warm war.

Er holte Luft, schloss die Augen und brüllte: »Hallo Stinkefisch.« Ihm wurde sofort klar, wie dumm das war. Er wollte schnell noch etwas anderes sagen, irgendetwas Freundliches. Aber ihm fiel nichts ein, sein Kopf war leer, sein Mund trocken.

Der Mann hob den Kopf. Tom konnte sich in den Gläsern der Sonnenbrille sehen. Auf dem kahlen Schädel des Mannes stand Schweiß. Der Mann nahm die Brille ab. Tom sah die Bewegung, er wollte wegrennen, aber er konnte nicht. Stinkefisch war blind: Sein linkes Auge war weiß und tot. Aber das andere Auge starrte Tom an. Die Ränder der Pupille waren ausgefranst, blaue Fetzen schwammen in der Iris. Das Auge wurde größer und größer, Geräusche und Farben und selbst der Gestank verschwanden in dem Auge, es saugte alles auf. Tom wurde schwindlig, er zitterte. Dann sah er plötzlich die Antarktis vor sich, es waren die Bilder aus dem Weltatlas in der Schule: Schneefelder, Gletscher, gefrorene Wasserfälle. Er wusste nicht, wie viel Zeit verging. Endlich zog Stinkefisch die Brille wieder auf und senkte den Kopf. Toms Beine und Arme schmerzten. Und dann sah er es. Auf den Knien des Blinden lag eine aufgerissene Tafel Schokolade. Es war die gleiche Schokolade, die seine Mutter im Obst- und Gemüseladen unten in der Straße kaufte. Und obwohl er erst elf Jahre alt war, verstand er es in diesem Moment: Es gab kein Geheimnis, der alte Mann war kein Mörder, er biss nicht lebendigen Fischen die Köpfe ab. Er war nur ein blinder alter Mann mit einer Tafel Schokolade.

Tom ging zu ihm, es war jetzt ganz leicht.

»Das war dumm von mir«, sagte er leise.

»Ja«, sagte der Blinde.

»Es tut mir leid.« Tom wartete, aber der Blinde schwieg.

»Ich gehe jetzt wieder«, sagte er nach einer Weile.

Der Blinde nickte.

Tom drehte sich um. Plötzlich hörte er seine Freunde schreien. Der erste Stein flog an ihm vorbei. Tom konnte nicht sehen, wer ihn geworfen hatte. Der Stein traf den Kopf des alten Mannes, die schwarze Brille hing nur noch an einem Ohr, das Glas war gesplittert. Der Mann hatte die Hände vor dem Gesicht, er blutete durch die Finger, die Steine trafen ihn überall.

Schon in der ersten Schulstunde kamen Polizisten ins Klassenzimmer. Ein Nachbar habe gesehen, wie die Kinder zur Schule gerannt seien. Er hat ihre Kleidung beschrieben – einer sei ohne Schulranzen zu dem Alten gegangen.

Auf dem Revier fragte die Polizistin Tom immer wieder, warum sie das gemacht hätten. Sie zeigte ihm Fotos aus dem Krankenhaus, um den Kopf des Blinden waren Mullbinden gewickelt. Tom sagte nichts, weil niemand in diesem Viertel mit der Polizei sprach. Nach einer halben Stunde gab die Polizistin auf. In ihrem Bericht stand, Tom sei der »mutmaßliche Anführer« gewesen. Seine Mutter holte ihn von der Polizeistation ab.

Die Kinder wurden nicht angeklagt, sie waren zu jung. Nur die Jugendfürsorge sprach mit den Eltern, Berichte über die Wohn- und Familienverhältnisse wurden geschrieben, Akten angelegt. Der Klassenlehrer ermahnte die Schüler. Einen Tag vor den großen Ferien kam ein älterer Polizist in Uniform in ihre Klasse und hielt eine Rede über Gewaltverbrechen von Kindern. Er verteilte Faltblätter, die später überall im Schulhof und auf der Straße lagen.

Ein paar Monate später wurde das Haus des alten Mannes abgerissen, ein Einkaufszentrum mit Parkplätzen wurde dort gebaut. Der Name Stinkefisch blieb noch eine Zeit lang im Gedächtnis der Schüler, dann verblasste er und schließlich verschwand er ganz.

Das Seehaus

Felix Ascher wird mit winzigen roten Flecken auf seinem Bauch geboren. Seine Eltern glauben, es sei eine Allergie. Babys könnten manchmal so etwas bekommen, sagen die Freunde, das Waschmittel oder die Milch könne schuld daran sein, es würde sich von selbst wieder geben. Aber die Flecken verschwinden nicht. Die Gefäße unter der Haut weiten sich und füllen sich mit Blut, sie fließen ineinander und achtzehn Wochen nach der Geburt sind fast sein ganzer Oberkörper, sein Hals und die rechte Seite seines Gesichts hellrot gefärbt. Es sind Feuermale, ein kleiner genetischer Defekt.

Felix' Mutter ist 39, sein Vater 43 Jahre alt, für beide ist es die zweite Ehe. Sie sind in München bei den Stadtwerken angestellt, sein Vater ist

Versorgungstechniker, seine Mutter arbeitet in der Buchhaltung. Felix ist ihr einziges Kind.

Mit vier Jahren kommt er zum ersten Mal zu seinem Großvater. Der Großvater wurde Ende der 20er-Jahre in Shanghai geboren, seine Eltern waren Ärzte an der deutschen Medizinschule dort. Später lebte er in Hongkong und verdiente ein Vermögen mit dem Import von Industrieanlagen aus Deutschland. Als seine Frau starb, zog er nach Deutschland und kaufte ein Haus in Oberbayern, etwa 60 Kilometer südlich von München. Das Haus, eine Meierei aus dem 17. Jahrhundert, gehörte früher zu einem Kloster, es wurde immer schon das *Seehaus* genannt. Es liegt außerhalb eines kleinen Dorfes, ein wenig erhöht auf einem Hügel, ein schmuckloses, quadratisches Gebäude mit dicken Mauern und 19 Zimmern. Man sieht weit über den See und bei Föhnwetter erscheint die Landschaft bis zu den Alpen in einem tiefen, dunklen Blau. Vor einhundert Jahren malten Wassily Kandinsky, Franz Marc, Paul Klee und Lovis Corinth in dieser Gegend, später hatten Ödön von Horváth und Bertolt Brecht hier ihre Häuser, und Thomas Manns »Dr. Faustus« spielt in einem Dorf in der Nähe.

Im Haus des Großvaters bleiben die Vorhänge immer halb zugezogen, das Licht ist weich und gedämpft, die Räume still. Auf den Böden liegen dunkle Holzdielen, die Wände sind mit blassgelben Chinoiserie-Tapeten bespannt, Landschaften mit Mandarinenbäumen, Kirsch- und Apfelblüten, Kranichen, Libellen und exotischen Vögeln. Die Möbel sind aus den 20er- und 30er-Jahren, sie stammen aus der britischen Residenz in Shanghai. Es gibt keinen Fernseher und kein Radio, nur einen Plattenspieler aus Holz. In der Bibliothek stehen zwei abgenutzte Ledersessel, ein durchgesessenes Sofa mit hellgrünem Leinenbezug, Raucher- und Spieltischchen und ein Zeitungsständer aus Bambus. Meistens sitzt der Großvater dort und liest, er trägt einen weißen, dreiteiligen Leinenanzug und raucht ovale Zigaretten, die er aus Ägypten importiert. Felix spielt vor ihm auf einem ausgeblichenen Seidenteppich, dessen Muster seinen Figuren als Labyrinth dient.

Der Großvater lässt für Felix Zimmer im zweiten Stock herrichten. Er bekommt eine Spielzeugbahn mit einer schwarzen Lokomotive aus Eisen und zwei dunkelgrünen Waggons, durch deren Fenster er die Passagiere sehen kann. Der Großvater stellt jeden Abend die Drehlampe auf seinem Nachttisch an. Sie wirft Schattenrisse an die Wand, Szenen aus Shanghai, Schiffe, die entladen werden, Chinesen, die lange Pfeifen rauchen, ein Hund mit einer Schleife auf dem Kopf, der durch die Straßen rennt.

Als Felix größer wird, schämt er sich für die Flecken auf seiner Haut. Die anderen Kinder ziehen ihn damit auf. Seine Eltern gehen mit ihm von Arzt zu Arzt, immer wieder muss er sich ausziehen und wird er untersucht, er wird bestrahlt und bekommt Salben und Spritzen, aber die Flecken verändern sich nicht. Nur der Großvater ist anders. Er erzählt von Menschen in China, die eine dritte Brustwarze oder einen sechsten Finger haben, sie würden verehrt, weil die Götter sie für ein besonderes Leben auserwählt hätten. Die Flecken seien in Wirklichkeit eine geheime Landkarte. Felix müsse nur genau hinsehen, dann würde er sie auch lesen können. Der Fleck über seinem Bauchnabel, das sei das Land der Fabelwesen – Drachen, Meerjungfrauen und unverwundbare Helden würden dort leben. Und dort, auf seiner Brust, das sei das Land der Weisen, die klügsten Menschen würden sich da versammeln und beraten, wie es mit der Welt weitergehe. Der kleine Fleck auf seiner Wange aber, der ein wenig aussehe wie der See vor dem Haus, das sei der wichtigste Ort, denn dort sei das Glück zu Hause.

Der Großvater macht jeden Tag einen Spaziergang vom Haus bis zum Dorf, im Sommer trägt er einen Hut aus geflochtenem Stroh. Die Dorfbewohner sind höflich, jeder kennt ihn natürlich. An seiner Seite, denkt Felix, ist es sicher. Sie setzen sich immer auf die gleiche Bank am Seeufer, der Großvater schließt die Augen, er hält Felix' Hand in seiner Hand und der Junge muss beschreiben, was er sieht: ein vertrocknetes Vogelnest, einen Kahn mit einem abgebrochenen Ruder, die Spuren eines Leiterwagens im Gras. Dann erzählt der Großvater aus seiner Kindheit in Shanghai, von der Mittagshitze und dem Bernsteinlicht am Nachmittag, von dem Regen, den Abendkleidern der schönen Frauen und den Hotels mit französischen Namen, von Wasserdörfern, Hahnenkämpfen und Opiumsüchtigen. Und allmählich verbinden sich in dem Jungen die sichtbaren und die erzählten Bilder, die Rapsfelder, Kleewiesen und das Schilf am Ufer des Sees mit den Gerüchen in den Straßen Shanghais, dem Geschrei der Markthändler und den smaragdgrünen Palmen. Und nur hier vor dem Seehaus, nur in der Stille der sanften Voralpenlandschaft, wird er ruhig.

*

Als der Großvater stirbt, ist Felix Ascher 14 Jahre alt. Sein weiteres Leben verläuft unauffällig – »regelgerecht«, wie der Richter viel später sagen wird, »problemlos«. Gymnasium, Bundeswehr, Studium. Mit 26 nimmt er eine Stelle in einem

Versicherungskonzern in Hamburg an. Mit 35 wird er stellvertretender Leiter der Schadenabteilung, mit 42 leitet er das *Gebiet Nord*, mit 46 lässt er sich nach Istanbul versetzen. Drei Jahre später ist er Bereichsleiter für den arabischen Raum. Er arbeitet viel. Er geht zu Prostituierten, weil er niemandem sein Aussehen zumuten will. Einmal wird Ascher auf einem Seminar des Versicherungskonzerns gefragt, was sein Lebensziel sei. Er kann ohne Zögern antworten. Er will irgendwann wieder in das Seehaus ziehen. In seiner Wohnung steht ein Foto des Großvaters auf dem Nachttisch.

*

Ascher ist 54 Jahre alt, als seine Mutter stirbt, sein Vater ist schon seit zwölf Jahren tot. Er fährt zu ihrer Beerdigung. »Mitten im Leben sind wir vom Tod umfangen«, sagt der Pfarrer. Dieser Satz setzt sich in Aschers Kopf fest.

Auf der Rückfahrt nach Istanbul wird er unruhig. Im Büro interessiert seine Arbeit ihn immer weniger, er wird nachlässig und unkonzentriert. Nachts denkt er immer wieder, er habe sein Leben vertan.

Nach zwei Monaten bespricht er mit seinem Steuerberater seine finanzielle Situation: Das Vermögen, das er von seiner Mutter geerbt hat, die Eigentumswohnung seiner Eltern und eine Abfindung, die er von dem Konzern bekommen kann – das alles wird für ein bequemes Leben reichen. Er denkt noch weitere zwei Monate nach, dann bittet er seinen Arbeitgeber um eine Frühpensionierung. Den Hausstand in Istanbul löst er auf und verkauft die Wohnung der Eltern in München. Sechs Monate nach der Beerdigung seiner Mutter ist Ascher ein freier Mann. Er zieht in das Seehaus.

*

Seine Eltern hatten die alten Möbel und Bücher des Großvaters auf den Speicher gestellt, die ausgeblichenen Tapeten abgenommen, Teppiche ausgelegt und die Räume weiß gekalkt. Sie waren nur selten im Seehaus, manchmal an den Wochenenden oder kurz in den Ferien.

Ascher lässt die Möbel wieder nach unten bringen. Ein Tischler aus dem Dorf bessert die Holzjalousien und Regale aus, er bringt die Tische und den Sekretär in Ordnung und schleift den Dielenboden ab. Wochenlang sucht Ascher im Internet nach Tapeten. Schließlich findet er einen Händler in London, der ihm einige Rollen aus den 20er-Jahren verkauft, die den alten Chinoiserie-Tapeten ähnlich sehen. Die Ledersessel und das Leinensofa werden gereinigt, selbst den

Plattenspieler aus Holz lässt Ascher von einer Werkstatt in München wieder in Gang setzen.

Nach einem Jahr hat er das Haus, bis auf ein paar bequeme moderne Dinge, wieder so hergerichtet, wie es zur Zeit seines Großvaters aussah.

Die folgenden Jahre verbringt er im Seehaus und im Dorf, er verreist selten. Im Sommer frühstückt er morgens in der Bäckerei, abends geht er in die Gastwirtschaft auf dem Marktplatz oder in das Eiscafé. Er freundet sich mit den Bewohnern an, spendet für die freiwillige Feuerwehr, besucht die Dorffeste, die Fronleichnamsprozession und die Vorstellungen des Trachtenvereins. Ascher gilt überall als freundlich und angenehm, er hat sich, wie man im Dorf sagt, *eingefügt*. Manchmal geht er noch in München ins Theater oder ins Kino. Wenn er zurückkommt und die ungepflasterte Straße hoch zum Seehaus fährt, bleibt er immer noch ein paar Minuten im Wagen sitzen. Er schaltet die Scheinwerfer aus und wartet, bis alles wieder still ist.

*

Fünf Jahre nach Aschers Umzug wird in der Bürgerversammlung beschlossen, die verlassenen Fischerhäuser am See einem Investor zu verkaufen. Sie gehören der Gemeinde und stehen seit Jahren leer. Der Investor bekommt die Erlaubnis, die eingeschossigen Gebäude abzureißen und in den Grenzen des Areals fünf einfache Ferienhäuser zu bauen. Das Dorf erhofft sich eine Belebung des Tourismus und einen Aufschwung für den Einzelhandel und die Gastronomie.

Das Areal liegt am Ufer des Sees, nur wenig versetzt von Aschers Haus. Als er von den Plänen hört, ist er entsetzt. Er spricht mit dem Bürgermeister, er versucht, die Gemeinderatsmitglieder einzeln umzustimmen, er erklärt jedem, man müsse unbedingt alles so lassen, wie es ist. Es nützt nichts. Ascher beauftragt einen Anwalt, klagt und verliert die Prozesse. Niemand im Dorf versteht seine Aufregung. Seine Lebensmittel kauft Ascher jetzt in der nächsten Kleinstadt, nur noch die Putzfrau und ein Getränkelieferant dürfen das Seehaus betreten.

Die Bauarbeiten, die im Frühjahr beginnen, beobachtet er von der Bank aus, die vor dem Seehaus steht. Wenn die Auffahrt für eine halbe Stunde blockiert ist oder die Arbeiten vor sieben Uhr beginnen, ruft er die Polizei. Anfangs kommt die junge Beamtin aus dem Dorf noch, aber bald weiß sie, dass er nur ein Querulant ist, und reagiert nicht mehr auf seine Anrufe.

Die Ferienhäuser sind schnell gebaut, kleine Bungalows aus Holz mit jeweils drei Zimmern, die Außenwände sind rot, blau und grün gestrichen. Innerhalb von drei Monaten sind alle verkauft. Junge Familien mit Kindern verbringen jetzt hier ihre Ferien und Wochenenden.

Ascher verändert sich. Seine Putzfrau hört, wie er mit sich selbst spricht, stundenlang schimpft er vor sich hin. Er verwahrlost, isst kaum noch, er geht nicht zum Friseur und schläft in seiner Kleidung. Manchmal bleibt er tagelang im Bett. Er kauft sich ein Fernglas und führt Strichlisten: Vor welchem der Ferienhäuser wird nach 23 Uhr gefeiert, wer trennt seinen Müll nicht, wer mäht am Sonntag den Rasen, wessen Kinder kreischen in der Mittagsruhe. Er schickt die Listen an die Polizei, das Landratsamt und an den Ministerpräsidenten. Obwohl er manchmal mit seinen Beschwerden recht hat, interessiert es niemanden.

*

An einem Sonntagabend im Spätsommer hält Ascher es nicht mehr aus. Das ganze Wochenende ist es schon laut gewesen, *Sommerfest am See* haben sie es genannt, sie hatten ihm sogar eine Einladung in den Briefkasten gesteckt. Drei

Tage lang war der ganze Uferweg zugeparkt, Autos mit Münchner Kennzeichen. Sie hatten Musikboxen am Strand aufgestellt, ein riesiges Feuer gemacht, getanzt, geschrien und laut gelacht.

Jeden Tag in diesem Sommer hat sich Ascher vorgestellt, wie er es machen wird. Im Keller des Hauses ist der Waffenschrank seines Großvaters, zwei angerostete Pistolen, drei Gewehre, acht Päckchen mit Munition. Die Waffen sind nicht registriert, der Großvater hat sie irgendwann einmal im Container aus China mitgebracht.

Ascher nimmt eines der Gewehre aus der Halterung, einen Karabiner der Schweizer Armee aus dem Zweiten Weltkrieg. Er weiß noch aus seiner Bundeswehrzeit, wie man damit umgeht. Er zerlegt das Gewehr, reinigt und ölt es, füllt das Magazin auf und lädt durch. Er zielt auf die Tür. Immer wieder sagt er laut zu sich selbst: »Es reicht endgültig« und »Jetzt ist aber mal Schluss«.

Mit einer Flasche Wacholderschnaps setzt er sich auf die Bank vor dem Haus und betrinkt sich langsam. Das Gewehr hat er an die Wand neben sich gelehnt. Als es dunkel genug ist, zieht er die rosa Spülhandschuhe an, die er in der Küche gefunden hat. Ascher hat lange genug in der Schadenabteilung der Versicherung gearbeitet, er kennt die Fehler, die alle Verbrecher machen. Er geht den Weg hinunter zum See. Nur in einem Haus brennt noch Licht, die anderen Familien sind längst zurück in die Stadt gefahren.

Ascher tritt mit seinen Stiefeln gegen die Holztür. Das Haus gehört der Familie eines Hotelmanagers, zwei Kinder, ein Hund. Die Frau öffnet im Bademantel, sie ist 29 Jahre alt. Als sie die Mündung des Gewehrs sieht, schreit sie und dreht sich zur Seite, ein Reflex. Das Geschoss tritt unter ihrer Achsel ein, durchschlägt beide Lungen und das Herz. Sie fällt zu Boden. Ascher steigt über sie, er sieht in den anderen Zimmern nach. Ihr Ehemann ist mit den beiden Kindern schon nach München gefahren, sie wollte noch draußen bleiben und alles aufräumen.

Trotz ihrer Verletzungen kriecht sie bis zur Türschwelle. Ascher stellt sich über sie, er repetiert das Gewehr. »Was man einmal angefangen hat…«, sagt er. Das Projektil zerreißt ihre Wirbelsäule zwischen dem fünften und sechsten Halswirbel. Er zieht die Leiche an den Füßen zurück in die Wohnung, löscht das Licht, verlässt das Haus und schließt die Tür.

Im Keller des Seehauses flext er auf der Werkbank das Gewehr in drei Teile. Dann zieht er sich nackt aus und stopft seine Kleidung, die Spülhandschuhe und seine Schuhe in einen Müllsack. Er duscht und zieht frische Sachen an. Mit dem Wagen fährt er ein paar Kilometer bis zum Murnauer Moos, einer riesigen Sumpflandschaft. Die drei Teile des Gewehres und die Munition wirft er in verschiedene Morastlöcher, die Kleidung verbrennt er.

*

Die Leiche wird erst am Mittwoch entdeckt. Der Ehemann konnte seine Frau nicht erreichen und war zum Haus gefahren. Die Beamten der Mordkommission aus der Kreisstadt verdächtigen zuerst ihn, dann denken sie an einen Raubmord, und schließlich sind sie ratlos. Sie überprüfen, ob die Familie Feinde hatte, aber auch das führt nicht weiter. Die Besitzer der anderen Ferienhäuser werden vorgeladen, alle haben ein Alibi. Auch Ascher wird als Zeuge befragt, er sagt, er habe nichts gesehen und nichts gehört. Nur die junge Dorfpolizistin erinnert sich, dass er gegen den Bau der Ferienhäuser Prozesse führte und sich ständig beklagte. Der Staatsanwalt beantragt einen Durchsuchungsbefehl für Aschers Haus, aber der Ermittlungsrichter lehnt den Antrag ab. »Das ist nur eine sehr schwache Theorie«, sagt er.

*

Fünf Tage nach der Tat rutscht Ascher nachts betrunken auf der Kellertreppe aus, bricht sich die Hüfte und schlägt mit dem Kopf auf die Steinstufen. Er bleibt etwa dreißig Minuten bewusstlos liegen. Als er aufwacht, kann er sich nicht mehr bewegen. Die Putzfrau findet ihn erst am nächsten Morgen, sie wählt auf ihrem Handy sofort den Notruf. Die junge Dorfpolizistin fährt zum Seehaus, alarmiert den Rettungswagen und sieht zu, wie Ascher ins Krankenhaus abtransportiert wird. Ein paar Minuten ist sie alleine im Keller. Der Waffenschrank steht halb offen, sie zieht die Schranktüre auf. Das Innere des Schranks ist mit grünem Samt ausgekleidet. In zwei der Halterungen stehen Gewehre, die dritte ist leer, aber der Abdruck eines Gewehrkolbens ist noch im Samt sichtbar. Sie meldet es der Mordkommission.

Diesmal hat der Staatsanwalt Erfolg. Während Ascher im Krankenhaus liegt, wird das Haus von den Beamten der Spurensicherung durchsucht. Die beiden Gewehre scheiden als Tatwaffen aus, auch die Munition entspricht nicht den Projektilen, die die Frau getötet haben. Aschers Putzfrau wird als Zeugin befragt. Der Schrank sei immer abgesperrt gewesen, sagt sie. Die Polizisten werten das als Indiz. Ob Ascher sich verändert habe, wird die Putzfrau gefragt. »Er spricht halt dauernd mit sich selbst und er trinkt oft zu viel, aber er hat mir nie etwas Böses getan«, sagt sie.

Die Polizisten sind sich sicher, dass Ascher etwas mit dem Mord zu tun hat. Sie kommen nicht weiter. Schließlich beantragt der Staatsanwalt, Aschers Zimmer im Krankenhaus akustisch überwachen zu lassen. Die Ermittler hoffen, er werde mit seinen Besuchern über den Mord sprechen. Der Richter zögert, dann erlaubt er es. Ein Polizist bringt Abhörmikrofone im Zimmer an, während Ascher an der Hüfte operiert wird.

Ein paar Tage lang hören die Polizisten Aschers Selbstgesprächen zu: Er schimpft über den Bruch seiner Hüfte, über Kopfweh, über das schlechte Essen, die dummen Schwestern, die unfähigen Ärzte. Aber niemand besucht ihn. Als die Ermittler schon aufgeben wollen, spricht er plötzlich in einer Nacht über den Mord. Er sagt: »Ich hätte es schon längst tun sollen« und »Jetzt wird endlich Ruhe sein« und »Ich hätte auch gleich die Hütten niederbrennen sollen, diese Schweine«. Nur er selbst ist im Krankenzimmer.

Ascher wird sofort festgenommen. Bei der Vernehmung spielen ihm die Polizisten das Band vor. »Das ist ein Geständnis«, sagen sie zu ihm. Wo die Waffe und die Munition seien, wollen sie wissen, er solle alles zugeben, das sei besser für ihn, und jetzt käme er sowieso nicht mehr aus der Sache heraus. Ascher sagt immer wieder, er sei unschuldig. Erst nach fünf Stunden verlangt er einen Anwalt. Der Richter erlässt einen Haftbefehl wegen Mordes.

*

Im Gefängnis geht Ascher zur Beichte. Er sagt zu dem Pfarrer, er begreife sich selbst nicht mehr, er verstehe nicht, was er da getan habe. »Ich bin ein schlechter Mensch«, sagt er.

Vier Wochen nach seiner Festnahme ist der Haftprüfungstermin vor dem Ermittlungsrichter. Der Richter belehrt ihn, dass er nichts sagen müsse, und dann spricht er lange mit Aschers Anwältin und dem Staatsanwalt. Sie reden über das Recht zu schweigen, über Tagebücher, Abhörmaßnahmen und Entscheidungen der höchsten Gerichte.

Ascher versucht sich die junge Frau vorzustellen, die er erschossen hat. Welche Haarfarbe hatte sie? Hat sie noch etwas gesagt? Ihre Zehen waren rot lackiert, daran erinnert er sich noch. Plötzlich bekommt er Angst, blasse, sinnlose Angst, er weiß nicht wovor. Er steht auf. Die Anwältin sagt leise, er solle sich sofort wieder hinsetzen, aber Ascher bleibt stehen. Er muss jetzt etwas sagen.

»Ich…« Er hat einen trockenen Mund, er kann sich nicht bewegen. Wie gerne wäre ich jetzt im Seehaus, denkt er. Früher war es einfach dort. Und still.

»Ja?«, sagt der Richter. Er sagt es sehr freundlich.

»Ich… ich…« Ascher wird schlecht, seine Hüfte schmerzt wieder. Er hofft, dass seine Anwältin etwas sagt, aber niemand sagt etwas. Der Richter sieht ihn an. Ascher sieht zu Boden. Er weiß nicht, was er tun soll. Dann setzt er sich wieder.

Der Richter nimmt seine Lesebrille ab und legt sie vor sich auf den Tisch. »Herr Ascher, was wollen Sie uns sagen?«

»Nichts. Entschuldigung.«

»Hat Sie jemand im Krankenhaus besucht?«, fragt der Richter.

»Mein Mandant hat erklärt, dass er schweigen will«, sagt die Anwältin laut.

»Nein, niemand«, antwortet Ascher.

»Sprechen Sie manchmal mit sich selbst?«, fragt der Richter.

»Ja.«

»Auch im Krankenhaus?«

»Ich glaube schon«, sagt Ascher.

»Ja«, sagt der Richter und nickt. Er setzt die

Brille wieder auf, schreibt etwas auf seinen Block. Die Anwältin redet weiter. Ihre Stimme ist unangenehm, denkt Ascher. Der Staatsanwalt unterbricht sie immer wieder. Es wird laut zwischen den beiden. Sie hat Papiere mitgebracht und schiebt sie über den Tisch zu dem Richter. Es sind Urteile, so viel bekommt Ascher mit. Nach einer halben Stunde sagt der Richter, er habe alle Argumente gehört, er müsse darüber nachdenken, die Haftprüfung werde für heute unterbrochen.

Am nächsten Tag wird Ascher wieder zum Richterzimmer gebracht. Seine Anwältin hat heute die Haare hochgesteckt. Ascher denkt an den Nacken der jungen Frau. Sie hatte einen grünen Bademantel an, er roch frisch gewaschen, das war ihm sofort aufgefallen. Darunter trug sie weiße Unterwäsche, aber das sah er erst, als alles voller Blut war. Er setzt sich auf seinen Platz.

»Die Gedanken eines Menschen dürfen nicht überwacht werden«, sagt der Ermittlungsrichter. »Anders als Tagebücher sind Selbstgespräche gesprochene Gedanken, sie sollen niemandem zugänglich sein und nicht aufbewahrt werden. Sie gehören zur Intimsphäre des Menschen. Der Rechtsstaat unterscheidet sich vom Unrechtsstaat dadurch, dass er die Wahrheit nicht um jeden Preis ermitteln darf. Er setzt sich selbst Grenzen.

Wir alle wissen, wie schwer es oft ist, diese Grenzen zu ertragen. Aber wir dürfen die Tonbandaufnahmen aus dem Krankenhaus nicht verwerten, weil die Gedanken eines Menschen frei sein müssen. Sie dürfen niemals der Überprüfung durch den Staat unterliegen. Da es aber im vorliegenden Fall sonst keine Beweismittel gibt, die den Beschuldigten dringend verdächtig erscheinen lassen, hebt dieses Gericht den Haftbefehl auf. Der Verstoß gegen das Waffengesetz durch den bloßen Besitz der Gewehre und Pistolen rechtfertigt die Fortdauer der Untersuchungshaft nicht.«

Der Staatsanwalt ist aufgebracht. Er legt Beschwerde gegen den Beschluss ein. Und er beantragt, dass Ascher bis zur Entscheidung darüber weiter in Haft bleibt.

»Nein«, sagt der Richter. Er ist ganz ruhig und schließt die rote Akte, die vor ihm auf dem Tisch liegt und auf der Aschers Name steht. »Mein Beschluss entspricht der ständigen Rechtsprechung des Bundesgerichtshofs. Ich glaube nicht, dass ein höheres Gericht anders entscheiden wird. Ihren Antrag lehne ich ab.«

Zwei Stunden später verlässt Ascher die Untersuchungshaftanstalt durch einen Seitenausgang, vor dem Haupttor warten die Journalisten. An einer Bushaltestelle ist er mit der Anwältin verabredet.

»Sie sollten vorerst nicht zurück ins Dorf fahren«, sagt die Anwältin. »Warten Sie, bis sich alles beruhigt hat.« Sie bringt ihn zu einer Pension in der Nähe des Gerichts, er bekommt ein kleines Zimmer im ersten Stock. Ascher stellt die Tasche mit seinen Sachen auf den Boden und schaltet den Fernseher ein. In den Regionalnachrichten wird über seinen Fall berichtet, er sieht Bilder vom Dorf, von den Ferienhäusern und vom Seehaus. Ascher legt sich aufs Bett. Er öffnet sein Hemd, mit den Fingern fährt er über die Flecken auf seiner Haut.

Gegen Mitternacht setzt er sich auf den Balkon. Aus dem Kino gegenüber kommen die Besucher der letzten Vorstellung. Sie werden jetzt mit ihren Freunden zusammen sein, denkt Ascher, sie werden über den Film und über ihre Arbeit und über andere Dinge reden. Und dann werden sie nach Hause gehen, in ihre Häuser und Wohnungen.

*

Sechs Jahre später stirbt Ascher an Leberkrebs in einer Klinik. Er ist nie wieder in das Dorf zurückgekehrt. Mehrmals hat er versucht, das Haus zu verkaufen, das in der Gegend jetzt das *Mörderhaus* heißt. Eine weit entfernte Verwandte, die Ascher nur einmal als kleines Mädchen gesehen hat, ist seine einzige Erbin. Sie lebt in Madrid, hat keine Verwendung für das Haus und schenkt es dem Dorf. In den beiden oberen Stockwerken wird ein Heimatmuseum eingerichtet, das Erdgeschoss wird an einen Gastronomen verpachtet, der dort ein Restaurant eröffnet. Auf der Internetseite des Lokals steht, man könne auf der Terrasse *die Stille des Sees genießen und den Blick über das Blaue Land.*

Subotnik

Şeymas Vater kam mit achtzehn Jahren aus der Türkei nach Deutschland, er fand sofort Arbeit in einer Zeche im Ruhrgebiet. Mit neunzehn heiratete er eine Frau aus seiner Heimat, seine Eltern hatten die Ehe arrangiert. Mit zwanzig wurde er das erste Mal Vater. Er wusste wenig von dem Land, in dem er arbeitete und dessen Sprache er nicht sprach. *Eines Tages* würde er zurückgehen. Auf dem Berg Ararat über seinem Dorf sei die Arche Noah gestrandet, sagte er immer. Er sparte sein Geld, um dort ein Haus für seine Familie zu bauen, die Pläne bewahrte er oben im Wohnzimmerschrank auf.

Şeyma war seine erste Tochter. Aber sie war nicht wie die Mädchen in der *Heimat*. Sie wollte kein Kopftuch tragen, er musste sie dazu zwingen.

Sie interessierte sich weder für die Traditionen noch für die Religion ihrer Eltern. Früh sagte sie schon, es müsse etwas anderes geben als den Wohnblock, in dem sie lebten, sie wolle mehr, viel mehr. Der Vater war strenger mit ihr als mit ihren Schwestern. Er wollte sie brechen, weil er Angst um sie hatte. Sie bekam jeden zweiten Tag Hausarrest, ihr Taschengeld wurde immer wieder gestrichen, sie musste die Wohnung putzen und sein Auto waschen. Aber sie war zäh, sie hielt es aus. Mit 16 Jahren wechselte sie von der Realschule auf das Gymnasium. Am Tag nach dem Abitur erklärte sie ihren Eltern, sie werde in eine andere Stadt ziehen und studieren. Ihr Vater schrie sie an. Wenn sie jetzt gehe, würde er sie *verstoßen*. Er versuchte sie zu schlagen, Şeymas Mutter stellte sich dazwischen. Als Şeyma am nächsten Tag zum Bahnhof ging, verließ auch die Mutter heimlich das Haus. Im Zug umarmte sie ihre Tochter, sie steckte ihr alles Geld zu, das sie hatte. »Es wird wieder gut, er beruhigt sich bald«, sagte die Mutter, aber Şeyma wusste, dass das nicht stimmte.

Sie wohnte acht Wochen in Berlin bei einem Bruder ihres Vaters und half in dessen Restaurant aus. Dann bekam sie die Zulassung zum Jurastudium und zog in ein Studentenwohnheim. In den nächsten zwei Jahren holte sie alles nach. Sie trank Alkohol, nahm Ecstasy und Kokain und verließ die Clubs oft erst am Morgen. Die Vorlesungen interessierten sie nicht, sie wollte ein anderes Leben. Manchmal rief sie ihre Mutter an und sprach ein paar Minuten mit ihr, von sich selbst erzählte sie nie etwas. Erst als sie nach einer Party nackt zwischen zwei fremden Männern aufwachte und nicht mehr wusste, wo sie war, bekam sie Angst. Sie wollte nicht scheitern, nicht vor ihren Eltern und nicht vor sich selbst. Sie begann, hart für das Studium zu arbeiten.

An den Tagen ohne Vorlesungen ging sie jetzt ins Strafgericht und sah bei den Verhandlungen zu. Einmal erlebte sie dort einen älteren Anwalt, sein Mandant war wegen Steuerhinterziehung angeklagt. Bei einer Durchsuchung wurden in dessen Tresor auch eine Packung Viagra und ein Umschnalldildo gefunden. Ein Polizist amüsierte sich im Prozess darüber. Der alte Anwalt sah von seiner Akte auf: »Finden Sie es anständig, sich über die Schwächen anderer zu erheben?«, fragte er. Es war nur ein Satz, leise, fast tonlos, er hatte nichts mit dem Gerichtsverfahren zu tun und nichts mit der Schuld des Mandanten. Aber danach war es still im Gerichtssaal und Seyma dachte an ihr eigenes Leben. Fünf Jahre später bewarb sie sich bei diesem Anwalt.

*

Die Kanzlei hatte einen guten Ruf. Der Senior-partner, den Şeyma in dem Prozess erlebt hatte, war vor vierzig Jahren durch seine harten Haupt-verhandlungen berühmt geworden, *Konflikt-verteidigung* nannte man das damals. Jetzt ar-beiteten die Anwälte dort fast nur noch im Wirtschaftsstrafrecht. Sie verbrachten ihre Tage am Schreibtisch, ihre Stundensätze lagen zwischen 600 und 1000 Euro. Prozesse waren die Ausnahme, die meisten Mandate wurden durch Vereinbarungen und lange Schriftsätze erledigt. Nur ein- oder zweimal im Jahr übernahm die Kanzlei noch Fälle harter Kriminalität. Das ge-höre einfach dazu, sagte der Seniorpartner, den alle nur den *Alten* nannten. Er glaubte, die Straf-prozessordnung ließe sich nur vor Gericht begrei-fen, nur dort sei sie lebendig.

Şeyma hatte keine Angst vor dem Bewerbungs-gespräch. Sie hatte zwei Prädikatsexamen, war wissenschaftliche Mitarbeiterin an einem Lehr-stuhl für Strafrecht gewesen und hatte vierzehn Urteilsanmerkungen in juristischen Zeitungen ge-schrieben. Ihre Dissertation behandelte die Recht-sprechung des Europäischen Gerichtshofs für Menschenrechte zur Untersuchungshaft. Sie hatte einen langen Weg hinter sich.

Der Büroleiter der Kanzlei bat sie in das große Besprechungszimmer. Er hatte eine Glatze, hellrosa Haut und hervorstehende Schneidezähne. Sie fragte nach dem Seniorpartner, aber der Büroleiter erklärte, dieser beschäftige sich nicht mit der Verwaltung der Kanzlei. Auch um die Einstellung von Anwälten, Sekretärinnen, Referendaren und Praktikanten kümmere er sich nicht.

Der Büroleiter ging alles mit ihr durch: Praktika, Examensnoten, Beurteilungen durch die Richter und Staatsanwälte, Dissertation, private Interessen. Er machte seine Sache ordentlich. Er stellte Fragen, die Şeyma unter Druck setzen sollten: »Was würden Sie nie gegen Geld eintauschen?«, »Welche Frage möchten Sie nicht gestellt bekommen?«, »Was ist Ihr größter Fehler?« Sie beantwortete alles ruhig und freundlich. Es kam ihr albern vor, aber sie ließ es sich nicht anmerken. Der Büroleiter sah ihr selten ins Gesicht, meistens starrte er auf ihre Brüste. Şeyma kannte solche Männer.

Nach 20 Minuten kam der *Alte* doch ins Besprechungszimmer.

»Lassen Sie sich nicht stören«, sagte er und durchquerte den Raum. Er setzte sich an das Ende des Tisches. »Wer hat die Blumen dort hingestellt?«, fragte er.

»Die neue Sekretärin«, sagte der Büroleiter.

»Warum?«, fragte der *Alte*.

»Weil es so freundlicher ... «

»Ich will das nicht«, unterbrach ihn der *Alte*. »Das hier ist eine Kanzlei und keine Modeboutique.« Er schob die Vase zur Seite. »Bitte, machen Sie weiter.«

Der *Alte* lehnte sich zurück und schloss die Augen. Şeyma wusste, dass er konzentriert war, sie hatte ihn so in der Hauptverhandlung gesehen. Der Büroleiter stellte ihr noch weitere belanglose Fragen, dann fiel ihm nichts mehr ein.

Der *Alte* öffnete wieder die Augen.

»Sind Sie fertig?«, fragte er freundlich.

Der Büroleiter nickte.

»Gut. Darf ich Ihnen auch eine Frage stellen, Frau Deled ...« Der *Alte* konnte Şeymas Nachnamen nicht aussprechen. »Entschuldigen Sie, könnten Sie Ihren Namen bitte noch einmal wiederholen?«

»Deledenkobdülkadir.«

»Delenden ... «

»Nennen Sie mich doch bitte Şeyma«, sagte sie.

»Danke, verzeihen Sie«, sagte der *Alte*. »Wissen Sie, ich glaube nicht an Zeugnisse, Şeyma. Ob ein Jurist als Strafverteidiger etwas taugt, entscheidet sich ausschließlich in der Hauptverhandlung. Ich kenne ausgezeichnete Juristen, die miserable Prozessanwälte sind, und sehr gute Verteidiger, die nur die Strafprozessordnung kennen. Aber ich habe Ihren Lebenslauf gelesen. Er hat mich beeindruckt. Die Koranschule. Können Sie mir davon erzählen?«

Şeyma sah den *Alten* an. Die Frage war ungewöhnlich. Sie zögerte.

»Ich war auf einer katholischen Grundschule«, sagte sie. »Aber seit meinem achten Lebensjahr musste ich jedes Wochenende – jeden Samstag und Sonntag – in die Koranschule. Sie ging von zehn Uhr morgens bis sechs Uhr abends. Meine Eltern wollten das so. Der Hodscha…«

»Ihr Religionslehrer?«, fragte der *Alte*.

»Ja. Der Hodscha sagte, wir würden *in der Hölle gebraten*, wenn wir keine Kopftücher trügen. Das galt auch für jeden anderen Verstoß gegen die *heiligen Vorschriften*. Als Kind hatte ich große Angst davor.«

»Gab es in Ihrer Schule Strafen?«, fragte der *Alte*.

»Ja.«

»Welche? Und für was?«

»Vor allem, wenn wir nicht aufpassten. Der Lehrer schlug uns mit einem Stock auf Fingerspitzen und Knöchel. Es tat nicht sehr weh, aber es war demütigend. Und das sollte es auch sein.«

»Was haben Sie in dieser Schule gelernt?«, fragte der *Alte*.

»Den Koran. Nach den Vorschriften soll ihn jeder Gläubige wenigstens einmal in seinem Leben vollständig lesen. Ich habe das in der Schule fünf Mal getan. Der Unterricht war auf Türkisch, den Koran haben wir in arabischer Schrift gelesen.«

»Wann sind Sie da wieder rausgekommen?«

»Mit siebzehn. Aber es war noch nicht zu Ende. Mein Vater war Bergarbeiter. Trotzdem hat er einen Privatlehrer engagiert, einen Mann, der ständig Bonbons lutschte und schlechtes Türkisch sprach.«

»Warum?«, fragte der *Alte*.

»Meine Eltern wollten, dass ich eine *Gelehrte* würde. Der Hodscha hatte das empfohlen, er hielt mich für begabt. Ich sollte eine Schule für islamisches Recht besuchen. Das galt als Auszeichnung, besonders für ein Mädchen.«

»Und was haben Sie gemacht?«

Şeyma machte eine Pause. Dann sagte sie: »Ich habe gewartet.«

»Das verstehe ich nicht«, sagte der *Alte*.

»Seit ich zwölf war, habe ich mir jeden Tag gesagt, dass es jetzt nicht mehr so lange dauert, bis ich erwachsen bin. Am Morgen nach dem Abitur habe ich endlich getan, was ich die ganze Zeit tun wollte. Ich habe das Kopftuch in den Müll geworfen und bis heute nie wieder eines getragen. Den Privatlehrer habe ich an diesem Tag frühmorgens angerufen und ihm gesagt, er darf nicht mehr kommen. Beim Frühstück erklärte ich meinen Eltern, dass ich jetzt studieren werde. Mein Vater war wütend. Ich sei doch schon viel weiter gekommen als er, ich solle es nicht übertreiben. Er wollte, dass ich Zahnarzthelferin werde, er hatte großen Respekt vor diesem Beruf. Ich mag meinen Vater sehr, er ist ein tapferer Mann, und er hat ein großes Herz. Aber er stammt aus einer anderen Welt.«

»Und dann?«, fragte der *Alte*.

»Ich zog aus und führte lange ein Doppelleben. Für meine Eltern blieb ich das brave türkische Mädchen, aber ich lebte natürlich wie jede andere junge Frau. Mein Vater hätte es nicht ertragen, dass ich in Clubs arbeitete, kurze Röcke trug oder einen deutschen Freund hatte.« Şeyma wurde klar, dass sie viel mehr erzählt hatte, als sie eigentlich wollte. Der *Alte* sah sie an. Sie wich nicht aus.

»Warum haben Sie Jura studiert?«, fragte er. Seine Stimme war weich. Der Büroleiter hatte die Frage schon gestellt, und sie hatte darauf geantwortet. Sie hatte über die Grundlagen der Gesellschaft gesprochen, über Verantwortung, über Bildungsideale und über die Liebe zum Recht. Es hatte überzeugend geklungen. Aber jetzt schwieg sie.

»Warum, Şeyma?«, fragte er noch einmal leise.

»Nie wieder darf jemand über mich bestimmen«, antwortete sie ebenso leise. »Das Recht muss mich schützen.«

Der Alte zog aus seiner Jackentasche ein silbernes Zigarettenetui, ließ es aufschnappen und schloss es langsam wieder. Der Büroleiter wollte etwas sagen, aber der *Alte* schüttelte den Kopf.

»Wenn Sie noch wollen, dann haben Sie die Stelle«, sagte er. »Bitte sagen Sie uns, was Sie verdienen möchten und wann Sie anfangen können.«

Der *Alte* stand auf und ging zur Tür. Dann drehte er sich noch einmal um.

»Ich danke Ihnen, Şeyma, das war sehr mutig«, sagte er und verließ das Besprechungszimmer.

*

Eine Woche später fing Şeyma in der Kanzlei an. Die ersten vier Monate las sie Akten, schrieb Vermerke und ging manchmal mit den Anwälten zu Besprechungen. Ihre Verfahren handelten von Korruption, Insolvenzverschleppung, Untreue und Insidergeschäften. Die Akten umfassten tausende Seiten und die Schriftsätze der Anwälte waren hunderte Seiten lang. Das Büro war professionell und effektiv organisiert, der Umgangston höflich, die Männer trugen graue und schwarze Anzüge, die Frauen Kostüme in den gleichen Farben.

Den *Alten* bekam Şeyma nur selten zu sehen,

meistens war er unterwegs, seine Mandanten waren Vorstände von großen Unternehmen, Bankiers oder prominente Musiker und Schauspieler. Sie hatte sich das alles anders vorgestellt, es war nicht das Leben, das sie wollte.

Jeden Montag um neun Uhr besprachen die Anwälte die aktuellen Fälle der Kanzlei. Es war ein Pflichttermin, den man nur wegen Verhandlungstagen, Krankheit oder Ferien ausfallen lassen durfte. Der *Alte* nahm selten daran teil. Aber an diesem Morgen waren er und der Büroleiter schon lange vor den anderen im Besprechungszimmer.

Şeyma saß in ihrem langen bunten Pullover zwischen all den Anzügen und Kostümen, sie hatte die Beine angezogen und das Kinn auf die Knie gestützt. Sie fand, ihre dunkelgrüne Strumpfhose passe gut zu dem dunkelgrünen Linoleum des Tisches. Sie mochte diese Strumpfhose, weil sie das Wort auf der Packung mochte: *blickdicht*.

»Uns ist ein neues Mandat angetragen worden«, sagte der *Alte*. »Es geht um Menschenhandel, Prostitution und ähnliche Vorwürfe. Der Beschuldigte sitzt seit neun Monaten in Untersuchungshaft, die Anklage ist zur Hauptverhandlung zugelassen worden. Der frühere Verteidiger hat auf Bitten des Angeklagten das Mandat niedergelegt. Ich habe es übernommen. Ich kann es natürlich nicht selbst führen, jemand von Ihnen muss es übernehmen, auch wenn Sie alle viel zu tun haben. Der Angeklagte ist der Großneffe meines allerersten Mandanten.«

Die Anwälte sahen sich nicht an. Şeyma wusste inzwischen, dass keiner von ihnen etwas mit Schwerkriminalität zu tun haben wollte. Solche Fälle seien nicht gut für das Ansehen der Kanzlei, sagten sie, es sei abstoßend, Räuber, Zuhälter und Vergewaltiger zu vertreten. Das Wirtschaftsstrafrecht sei anspruchsvoller, die Mandanten seien angenehmer.

»Wer also will es machen?«, fragte der *Alte*.

»Ich habe noch das Steuerstrafverfahren in der Sache …«, sagte der älteste der angestellten Anwälte. Er trug einen sehr teuren dunkelblauen Mohairanzug.

»Nein«, unterbrach ihn der *Alte* und lächelte, »das haben Sie nicht mehr. Die Sache ist heute Morgen ohne Auflagen eingestellt worden. Ich gratuliere Ihnen.«

Der Mann im Mohairanzug sah auf den Tisch. Wie in der Schule, als man Angst hatte, dass die Lehrerin einen aufruft, dachte Şeyma. Und in diesem Moment begriff sie, wie frei sie war. Die vierzehn Frauen und Männer an diesem Tisch waren sehr gute Juristen und sehr gute Anwälte, sie waren klug und konnten jeden verteidigen, der ihre Hilfe brauchte. Es waren liberale, weltoffene Menschen, sie sprachen Englisch, Französisch, Spanisch und einer der Jüngeren, der mit dem exakten Seitenscheitel, sogar ein wenig Chinesisch. Sie hielten sich politisch auf dem Laufenden, fuhren Ski, spielten Golf und hatten einige *der wichtigsten Klassiker* gelesen. Ihre Häuser und Wohnungen waren mit Bauhauslampen, Eames-Stühlen und Le-Corbusier-Liegen eingerichtet, und sie unterhielten sich dort über veganes Schulessen, Vaterschaftsurlaub und islamische Gebetsräume in Kindergärten. Sie trennten ihren Müll und wählten alle vier Jahre eine bürgerliche Partei. Aber sie waren nicht frei und würden es nie sein. Deshalb hatte der *Alte* sie eingestellt. Sie passte nicht an diesen Tisch, so wie der *Alte* nicht an solche Tische gepasst hatte, als er jung gewesen war und Terroristen verteidigt hatte.

»Ich würde das Mandat gerne übernehmen«, sagte sie.

Der *Alte* sah sie an und nickte. »Es wird schwierig und anstrengend, viele Tage Hauptverhandlung, ein psychisch belastender Fall.«

»Trotzdem«, sagte sie.

»Gut, dann ist es so beschlossen«, sagte der *Alte* und lächelte.

Danach ging die allgemeine Besprechung weiter, aber Şeyma hörte kaum noch zu.

*

Die Staatsanwaltschaft hatte drei Jahre ermittelt, die Akte umfasste fast zehntausend Seiten. In der Anklage stand, der Mandant sei der Kopf einer Bande, die Frauen aus der Ukraine und aus Rumänien nach Berlin verschleppe und dort Bordelle betreibe. Die Frauen würden zum Sex gezwungen.

Aber es war kompliziert, ihm etwas nachzuweisen. Lange Zeit hatte es noch nicht einmal ein Foto von ihm gegeben, die Frauen wollten oder konnten nicht gegen ihn aussagen. Die Ermittlungen dehnten sich über vier Länder aus. Immer wieder fiel den Polizisten eine Telefonnummer auf, von der die Behörden glaubten, sie gehöre dem Haupttäter.

Zweieinhalb Jahre nach Beginn der Ermittlungen wurde zufällig ein Mann bei einer Verkehrskontrolle in einem gestohlenen Wagen festgenommen. Auf dem Beifahrersitz lag das überwachte Handy. Die Ermittler glaubten, der Festgenommene sei der Haupttäter. Ein Haftbefehl wurde erlassen, aber die Polizisten fanden auch danach keine direkten Zeugen. Schließlich musste die Staatsanwaltschaft Anklage erheben, um die Entlassung des Mannes zu verhindern. Trotz der schwachen Beweislage ließ das Gericht die Anklage zur Hauptverhandlung zu.

Şeyma begleitete den *Alten* beim ersten Haftbe-
such, danach sollte sie das Mandat alleine weiter-
führen. Ob sie Angst vor dem Prozess habe, fragte
der *Alte*, als sie im Gefängnis auf den Mandanten
warteten. Nein, sagte sie, aber es stimmte nicht.

Der Mann trug Jeans, ein schwarzes T-Shirt
und Turnschuhe. Şeyma war überrascht, wie gut
er aussah und wie freundlich er war. Er schien
großen Respekt vor dem *Alten* zu haben.

Der *Alte* bat Şeyma, die Akten zusammen-
zufassen. Sie hatte das in der Nacht geübt, sie
wollte professionell und erfahren wirken. Als sie
mit dem Vortrag fertig war und der Dolmetscher
zu Ende übersetzt hatte, fragte der Mandant, ob
das alles sei, was gegen ihn vorgebracht werde.
Şeyma bejahte, und er wollte wissen, wie sie ihn
verteidigen werde. Er lehnte sich zurück. Sie sah
unter dem Rand seines T-Shirts den Ansatz seiner
Tätowierungen. In den Akten waren Bilder von
seinem Oberkörper und seinen Beinen. In grellen
Farben war auf seiner Brust ein Adler mit zwei
Köpfen tätowiert und auf seinem Bauch ein großes Paar menschlicher Augen. Auf seinem Rücken waren die Türme der Basilius-Kathedrale
von Moskau, die Freiheitsstatue von New York,
Dollarnoten und ein Kopf Stalins abgebildet. Er
hatte Sterne auf den Schultern und auf dem rechten Oberschenkel ein nacktes Mädchen mit einer
Angelrute. Die Tätowierungen waren primitive

Zeichnungen, er hatte sie im Gefängnis in Sachalin stechen lassen. In der Akte stand, die Tätowierungen wiesen ihn als hohes Mitglied der russischen Mafia und als Vergewaltiger aus. Der *Alte* hatte gesagt, das stimme nicht. Die Tätowierungen würden überhaupt nichts beweisen, denn jedes Gefängnis in Russland habe seine eigene Symbolik, im Ural sei es anders als in Sibirien. Die Tattoos, hatte er erklärt, würden mit Elektrorasierern, mit Messern oder mit schmutzigen Nadeln gestochen, viele Gefangene bekämen davon Tetanus oder Syphilis. Vor allem aber hätten die wirklich bedeutenden Mafiabosse überhaupt keine Tätowierungen.

Şeyma erklärte dem Mandanten die einzelnen Beweismittel, sie berichtete von kleinen Fehlern in den Ermittlungen, von Unstimmigkeiten in den Akten. Sie sagte, sie hielte es für besser, wenn er bei dem Prozess schweigen würde. Nach drei Stunden war die Luft in der engen Zelle verbraucht und alle wurden müde.

Auf dem Weg nach draußen sagte der *Alte*, sie habe es gut gemacht. Sie solle weiter so distanziert bleiben, auch wenn das manchmal schwierig werde.

»Er wirkt nicht so«, sagte der *Alte*, »aber er ist ein sehr gefährlicher Mann.«

*

Der Prozess begann sechs Wochen später. Ermittlungsbeamte sagten tagelang aus, Akten aus Russland und Rumänien wurden verlesen und übersetzt, Telefonaufzeichnungen wurden abgehört. In einer Pause sagte die Vorsitzende Richterin, bisher habe die Anklage sie nicht überzeugt. Der Mandant schwieg, wie Şeyma es ihm geraten hatte.

Am Morgen des achten Verhandlungstages kam der Staatsanwalt eine halbe Stunde zu spät. Er hatte einen dünnen Stapel Papier in der Hand. Die Polizei habe gestern in den späten Abendstunden noch eine Zeugin vernommen, sagte er. Es gebe bisher nur diese sehr kurze, sehr oberflächliche Vernehmung. Der Staatsanwalt gab der Vorsitzenden und Şeyma einige kopierte Seiten.

»Die Vernehmungsbeamten«, sagte er, »haben die Zeugin heute Morgen hierher gebracht. Sie wartet auf dem Flur. Wir befürchten, dass sie aus Angst wieder untertaucht. Deshalb schlage ich vor, sie gleich heute zu vernehmen.«

Şeyma protestierte. Sie bräuchte Zeit zur Vorbereitung, sie müsse die Aussage erst einmal in Ruhe lesen und dann mit dem Mandanten besprechen.

»Es sind nur zweieinhalb Seiten, Frau Verteidigerin«, sagte der Staatsanwalt.

»Wie lange brauchen Sie?«, fragte die Vorsitzende.

»Mindestens zwei Tage«, sagte Şeyma. »Ich muss meinen Mandanten in der Haft besuchen. Ich brauche dafür jedes Mal einen Dolmetscher, wie Sie wissen.«

Die Vorsitzende nickte. »Das Gericht braucht ebenfalls etwas Zeit«, sagte sie. »Andererseits verstehen wir die Notlage der Staatsanwaltschaft. Wir unterbrechen deshalb die Sitzung bis um 14 Uhr, danach vernehmen wir die Zeugin.« Sie wandte sich an Şeyma. »Sie können so lange mit dem Angeklagten und dem Dolmetscher des Gerichts hier im Saal bleiben und sich vorbereiten.«

In der Verhandlungspause las Şeyma dem Mandanten die Aussage vor, der Dolmetscher übersetzte. Der Angeklagte zuckte mit den Schultern, er könne dazu nichts sagen.

Um zwei Uhr wurde der Prozess fortgesetzt. Die junge Frau saß neben dem Dolmetscher auf der Zeugenbank vor den Richtern. Sie sah nur die Vorsitzende an. Sie sagte, sie werde nicht aussagen, solange der Angeklagte im Saal sei, sie habe Angst vor ihm, und sie schäme sich, vor den Zuschauern zu sprechen. Der Staatsanwalt beantragte, den Angeklagten und die Öffentlichkeit auszuschließen. Şeyma widersprach erneut, die Vorsitzende unterbrach die Verhandlung.

Nach einigen Minuten im Beratungszimmer kamen die Richter zurück in den Saal. Die Vorsitzende sagte, sie folge dem Antrag des Staatsanwalts. Der Mandant stand auf, er lächelte und nickte in Richtung der Zeugin, eine Ader pochte auf seinem Hals. Zwei Wachtmeister brachten ihn zurück in seine Zelle. Auch die Zuschauer verließen den Saal.

Anfangs stockte die Zeugin, aber nach und nach erzählte sie flüssiger. Sie sprach über ihre Familie, über ihre kleine Schwester, die zu Hause bei den Eltern auf dem Hof lebe, in dem Dorf in Rumänien. Der Angeklagte habe ihr versprochen, sie könne in Berlin als Altenpflegerin viel Geld verdienen. 900 Euro im Monat, das sei so viel wie zu Hause ein Jahreslohn. Sie habe es mit ihren Eltern besprochen und sei mitgegangen. Der Angeklagte sei charmant und gutaussehend gewesen und sie viel zu jung, um die Männer zu verstehen. Sofort nachdem sie die Grenze überquert hätten, habe er ihren Pass an sich genommen. Sie brauche ihn jetzt nicht mehr, habe er gesagt.

Sie hätten in einem Randbezirk von Berlin in einer Baracke übernachtet, es sei dreckig gewesen, die Wände feucht und verschimmelt. Schon an diesem ersten Abend habe er gesagt, sie müsse jetzt für ihn arbeiten, die Reise sei teuer gewesen, das Essen und die Unterkunft. Sie sei hübsch und könne es »abarbeiten«. Sie habe versucht wegzulaufen, aber er habe die Tür abgeschlossen.

Am nächsten Morgen habe sie ihn angeschrien, dass sie sofort wieder nach Hause wolle. Er sei ganz ruhig geblieben und habe gesagt, dann wäre jetzt leider *Subotnik*. Das Wort habe sie aus der Schule gekannt. *Subotnik*, das bedeute freiwilliger Arbeitsdienst, also gemeinsam den Schulhof aufräumen oder das Klassenzimmer putzen. Aber mit *Subotnik* habe der Angeklagte etwas ganz anderes gemeint. Er sei aufgestanden und habe die Tür geöffnet, fünf Männer seien in das Zimmer gekommen. Sie glaube, es seien Bauarbeiter gewesen, sie hätten schmutzige Arbeitskleidung getragen und nach Schweiß gestunken. Die fünf hätten sie ausgezogen und an das Bett gefesselt, sie habe sich gewehrt, aber sie habe keine Chance gehabt. Die Männer hätten sie wieder und wieder vergewaltigt. Manchmal hätten sie eine Pause gemacht und getrunken und dabei den Fernseher angestellt. Dann sei es weitergegangen, sie hätten auch eine Bierflasche in sie gesteckt und auf sie uriniert. In ihrer Erinnerung habe es Stunden gedauert.

Irgendwann sei der Angeklagte wiedergekommen und habe die Männer weggeschickt.

»Subotnik ist nun immer, wenn Du nicht tust, was ich sage«, habe er gesagt.

Sie habe geantwortet, dass sie sich umbringe, aber der Angeklagte habe darüber gelacht.

»Ich kenne Deine kleine Schwester. Wie alt ist sie? Sieben oder acht? Sie ist noch zu jung für die Männer. Oder vielleicht ist sie es ja doch nicht. Wir müssten es probieren.« Das habe er gesagt, sie wisse es noch wörtlich. Ihr sei nichts übriggeblieben, sie habe sich gefügt.

Der Angeklagte habe sie in eine Wohnung in Berlin gebracht. Dort habe sie zwei Jahre lang mit sechs anderen Frauen und einem Aufpasser gelebt. Die anderen Frauen seien in der gleichen Lage wie sie gewesen. Sie habe jeden Tag mit zehn oder zwölf Männern Sex gehabt. Eine Stunde habe 30 Euro gekostet, die Kunden hätten dafür alles mit ihr machen dürfen. Sie habe von dem Geld nichts bekommen, die Wohnung habe sie nur einmal in der Woche in Begleitung des Aufpassers verlassen können, um Lebensmittel und Kosmetika einzukaufen. Die deutsche Sprache habe sie durch das Radio und den Fernseher gelernt, aber sie wolle in dieser Sprache nie wieder etwas sagen.

Manche Männer hätten Sachen verlangt, über die sie auch jetzt noch nicht sprechen könne, sie könne davon nichts der Richterin erzählen und auch niemandem sonst. Wenn sich die Frauen bei solchen Sachen geweigert hätten, sei der Angeklagte gekommen und habe wieder Subotnik angedroht. Einmal habe er eine Frau an den Haaren in sein Auto gezerrt. Sie hätten alle am Fenster gestanden und zugesehen. Diese Frau sei nicht wiedergekommen.

Es war eine sehr lange Aussage. Die Vorsitzende fragte nach Einzelheiten, nach Orten, Zeiten und Namen, nach dem Wagen des Angeklagten, seiner Telefonnummer. Sie legte der Zeugin Polizeifotos aus der Akte vor, von der Wohnung, von dem Zimmer, von der Straße und von anderen Verdächtigen. Die junge Frau beantwortete jede Frage.

»Wie konnten Sie entkommen?«, fragte die Vorsitzende.

»Ich bin krank geworden. Ich habe 18 Kilo abgenommen und geschrien, wenn ein Mann mich nur angefasst hat. Ich habe es einfach nicht mehr ertragen. Der Angeklagte sagte, wir machen wieder Subotnik, aber auch das war mir egal. Ich bin einfach kaputtgegangen. Der Angeklagte hat mich zusammengeschlagen. Ich wollte immer noch nicht. Er hat mit einem Messer in mein rechtes Auge geschnitten. Weil ich sehr geblutet habe und sie keine Leiche wollten, hat der Aufpasser mir eine Plastiktüte auf das Gesicht geklebt und mich ins Krankenhaus gefahren. Er hat mich vor der Tür rausgeworfen. Mit meinem Gesicht bin ich jetzt ohne Wert für die Männer.«

»Wie ging es weiter?«

»Im Krankenhaus konnten sie das Auge nicht retten. Die Polizei kam und hat mir Fragen gestellt, aber ich habe immer wieder gesagt, ich bin in eine Scheibe gefallen. Sobald es ging, bin ich zurück zu meiner Familie nach Rumänien. Das ist zwei Jahre her.«

»Und wie sind Sie hier zum Gericht gekommen?«, fragte die Vorsitzende.

»Mit der Polizei aus Rumänien. Obwohl ich nie von Berlin erzählt habe, hat es sich zu Hause herumgesprochen. Vor ein paar Wochen kamen zwei Polizisten in das Dorf und wollten mich sprechen. Sie sagten, die deutschen Behörden hätten sie um Hilfe gebeten. In Berlin laufe ein Prozess gegen einen Zuhälter, der auch Mädchen aus unserer Gegend verschleppt habe. Sie würden alle Frauen, die lange weg waren, fragen, ob dieser Mann ihr Zuhälter gewesen sei. Sie zeigten mir ein Foto vom Angeklagten. Er war es. Ich habe dann lange überlegt, ob ich aussagen soll. Schließlich habe ich die beiden Polizisten wieder angerufen. Sie haben dann alles organisiert, und gestern bin ich mit einem von ihnen nach Berlin gefahren.«

»Und warum haben Sie sich dazu entschlossen und ausgesagt?«, fragte die Vorsitzende.

»Wegen der anderen Mädchen. Es gibt noch viele solcher Wohnungen in der Stadt. Ich weiß nicht, wo die sind, aber ich habe das ein paarmal gehört, es stimmt sicher.«

Die Vorsitzende dankte ihr für die Aussage, sie wisse, was das für die Zeugin bedeute.

»Nein.« Die Zeugin schüttelte den Kopf. »Das können Sie nicht wissen.«

Der Staatsanwalt und Şeyma hatten keine Fragen. Die Vorsitzende erklärte, die Zeugin werde nicht vereidigt, weil sie eine Geschädigte sei. »Sie sind als Zeugin jetzt entlassen, vielen Dank«, sagte die Vorsitzende.

Die junge Frau stand auf und wandte sich um. Şeyma sah ihre Narbe, sie zog sich über die rechte Gesichtshälfte von der Stirn über die Wange bis zum Kinn, ihr Auge war weiß. Sie nahm ihre Handtasche vom Boden und ging nach draußen.

Die Vorsitzende bat den Wachtmeister, den Angeklagten aus seiner Zelle zu bringen. Sie erklärte ihm, was die Zeugin gesagt hatte. Erst viel später begriffen alle, welchen Fehler sie gemacht hatten.

*

Nach dem Prozess ging Şeyma zur S-Bahn, es war Freitagabend. Sie wäre jetzt gerne eine andere gewesen, eine der Menschen, die an der Haltestelle warteten oder die im Café Zeitung lasen oder die nach Hause gingen, eine von denen, die nichts von der Welt im Gericht wussten. Ihre Wohnung kam ihr unwirklich vor. Sie las ihre privaten E-Mails der letzten Monate, Streit mit dem Vermieter wegen der Heizkostenabrechnung, Bestellung eines neuen Handys, Urlaubsfotos ihrer Freundinnen am Strand. Es kam ihr vor, als hätte ein anderer ihr Leben gelebt. Sie versuchte zu schlafen. Um drei Uhr nachts stand sie wieder auf und ging in den Club, in dem sie früher oft war. Die Menschen dort trugen bunt leuchtende T-Shirts, auf die Wände wurden ultraviolette Videos projiziert. Ein junger Mann bot ihr aus einem Plastikbeutel Pilze an, sie kaufte das Tütchen und begann zu der Trance-Musik zu tanzen.

Am nächsten Mittag wachte sie nur im T-Shirt auf ihrem Balkon auf, sie wusste nicht mehr, wie sie nach Hause gekommen war.

*

Am Montag fuhr Şeyma ins Gericht und ging in das Richterzimmer der Vorsitzenden.

»Ich möchte das Mandat niederlegen«, sagte sie.

»Wie Sie wollen«, sagte die Vorsitzende. »Aber ich werde Sie dann dem Angeklagten als Pflichtverteidigerin beiordnen.«

»Das können Sie nicht tun…«, sagte Şeyma.

»Doch, ich kann und ich werde«, unterbrach die Vorsitzende. »Ich werde den Prozess nicht am neunten Verhandlungstag abbrechen, nur weil Sie aussteigen wollen. Ich werde die Zeugin nicht bitten, ihre Aussage zu wiederholen.«

Sie sah Şeyma freundlich an.

»Ist das Ihr erster großer Prozess?«, fragte sie.

»Ja«, sagte Şeyma.

»Ich verstehe. Aber so ist das nun mal.«

»Ich möchte diesen Mann nicht weiter verteidigen.«

»Tut mir leid, aber es geht nicht um Sie. Sie können nicht einfach aussteigen, es sei denn, Sie könnten erklären, dass das Verhältnis zwischen Ihnen und Ihrem Mandanten so zerrüttet ist, dass eine Beiordnung als Pflichtverteidigerin nicht in Frage kommt. Dass Sie ihn nicht mögen oder dass er Sie nicht mag, ist kein solcher Grund. Sie haben mir Ihre Abscheu gegen Ihren Mandanten deutlich gemacht – schon das könnte ich als Verstoß gegen Ihre Anwaltspflichten werten. Ich werde das nicht tun, weil es Ihr erster Fall ist.«

Şeyma schwieg.

»Ich erwarte von Ihnen, dass Sie Ihren Man-

danten weiter ordentlich und umfassend verteidigen. Er hat einen Anspruch darauf, wie jeder
Angeklagte. Wir sehen uns morgen im Saal«,
sagte die Richterin.

*

Der Angeklagte wurde zu vierzehn Jahren und
sechs Monaten Gefängnis verurteilt, ein halbes
Jahr unter der Höchststrafe. Şeyma legte noch
am Nachmittag Revision ein.

Eine Revision zu begründen ist schwierig. Der
Bundesgerichtshof prüft nicht, ob der Verurteilte
die Tat begangen hat. Es ist vor diesem Gericht
gleichgültig, ob in einem Urteil die Wahrheit
steht, solange der Tatrichter die Beweise richtig
gewürdigt hat. Sie dürfen nicht widersprüchlich,
unklar oder lückenhaft sein. Auch die Höhe der
Strafe ist Sache der Tatrichter, nur sie haben den
Angeklagten und die Zeugen gesehen. Der Prozess wird vor den Bundesrichtern nicht wiederholt, es werden keine Zeugen und keine Sachverständigen gehört. Nur wenn ein Urteil *rechtlich*
falsch ist, wenn es also ein Gesetz verletzt, wird
der Bundesgerichtshof es aufheben. Das passiert
selten, die meisten Revisionen werden verwor-
fen.

Şeyma wurde das schriftliche Urteil zugestellt, danach hatte sie einen Monat Zeit, die Revision zu begründen. Sie verbrachte jetzt jeden Tag fünfzehn Stunden in der Bibliothek der Kanzlei, sie traf sich mit niemandem, schaltete ihr Telefon aus und las ihre E-Mails nicht mehr. Der *Alte* sah immer wieder ihren Text durch. »Das reicht nicht«, sagte er oft, »Sie müssen klarer schreiben. Ihre Sätze sind zu kompliziert, kein Mensch versteht, was Sie sagen wollen. Ich glaube, Sie haben es selbst noch nicht ganz verstanden. Sie müssen so lange weiter darüber nachdenken, bis alles ganz einfach wird.« Seine Kritik war hart, aber sie lernte viel in diesen Tagen.

In den wenigen Stunden, die Şeyma schlief, träumte sie von der Revision. Nach dreieinhalb Wochen fand sie einen Fehler: Die Vorsitzende hatte den Angeklagten nur von der Verhandlung ausgeschlossen, *so lange* die Zeugin aussagte. Das durfte sie tun. Aber dann entließ sie die Zeugin, *bevor* der Angeklagte wieder im Saal war – und das war falsch. Ein Angeklagter hat das Recht und die Pflicht an der Hauptverhandlung teilzunehmen. Er ist Subjekt und nicht bloßes Objekt des Strafverfahrens. Er darf und soll auch darüber mitentscheiden, ob ein Zeuge entlassen wird. Und das konnte der Angeklagte nicht, weil er gar nicht anwesend war. Natürlich wollte die Vorsitzende seine Rechte nicht bewusst beschneiden. Aber darauf kommt es nicht an, das Gesetz ist streng.

Vier Monate später hob der Bundesgerichtshof das Urteil auf. Die Hauptverhandlung musste vor einer anderen Strafkammer wiederholt werden.

In dem neuen Prozess erschien die Zeugin nicht. Die Richter erließen einen Haftbefehl gegen sie. Die Polizei fand sie nicht, ihre Eltern in Rumänien sagten, sie sei nie aus Berlin zurückgekehrt. Ein anonymer Informant der Polizei behauptete, die junge Frau sei nach ihrer Aussage im ersten Prozess getötet und auf den Müll geworfen worden, aber auch das ließ sich nicht beweisen. Ein paar Tage später sprachen die Richter den Angeklagten frei, die anderen Beweismittel reichten für eine Verurteilung nicht aus.

*

Nach der Urteilsverkündung legte Şeyma den Computer und die Handakte in ihre Tasche und verabschiedete sich von ihrem Mandanten. Sie sprach kurz mit den beiden Gerichtsreportern, die den Prozess verfolgt hatten, dann ging sie in der Haupthalle die Treppen hinunter zum Ausgang.

Auf der Straße überlegte sie, wen sie anrufen könnte, aber ihr fiel niemand ein. Sie fuhr zu einem türkischen Konditor in Kreuzberg und kaufte bunte Würfel aus Zucker, Zitronensaft, Rosenwasser und Pistazien, türkische *Nachtigallnester*. Ein Junge in einem sehr weißen, sehr gebügelten Hemd stand in dem Laden. Er sah sich sorgfältig die Auslagen an, die an drei Wänden in langen Reihen hinter Glasscheiben lagen. Er war vielleicht acht oder neun Jahre alt. Er hatte nur eine einzelne Münze in der Hand. Er ließ sich bei seiner Wahl viel Zeit. Manchmal zeigte er auf etwas, der Konditor sagte ein türkisches Wort, und der Junge nickte zufrieden. Şeyma stand an der Kasse und sah ihm zu. Plötzlich kam sie sich alt vor.

Sie verließ den Laden, fuhr zur Kanzlei und holte den *Alten* ab. Sie gingen zusammen durch den kleinen Park, an dem Springbrunnen und der Bank vorbei, auf der sie in den letzten Wochen oft gesessen und über den Prozess gesprochen hatten. Es war hell und warm, ein schöner Frühlingsnachmittag. Sie setzten sich in das Café auf dem Platz, sie hörten das Klirren der Messer und Gabeln, die Stimmen der Gäste und das Kreischen der Kinder auf dem Spielplatz.

»Ich habe es mir anders vorgestellt«, sagte Şeyma.

Sie bestellten Kaffee und dann aßen sie die Süßigkeiten aus der Tüte, die sie gekauft hatte, bis ihre Münder und Zungen ganz verklebt waren.

Tennis

Sie kam in der Nacht an und schlief im Gäste-
zimmer, um ihren Mann nicht zu wecken. Sie
war eine Woche in Venezuela auf Fotorepor-
tage für das Nachrichtenmagazin gewesen, bei
dem sie angestellt ist. Jetzt steht sie in der Küche vor dem geöffneten Kühlschrank. Sie starrt
auf ihre nackten Füße, die sie nicht mag, sie sieht
die Adern unter der dünnen Haut. Sie denkt, ihre
Füße seien älter als sie.

Mit dem Fahrrad fährt sie den Hügel hinunter
zum Club. Ihr Nacken scheint in der Sonne noch
schmaler als sonst, die mageren Schultern sind
spitz unter dem verwaschenen T-Shirt. Sie sucht
den Tennisplatz, auf dem er spielt, und lässt das
Fahrrad neben dem Zaun ins Gras fallen. Der
Lenker hat keine Griffstücke mehr, er bohrt sich

in den Boden, die Erde wird in ihm trocknen und beim Fahren wieder herausfallen. Vor Jahren wollte er ihr ein neues Fahrrad schenken, aber sie kann sich nicht gut von Dingen trennen.

Sie winkt ihrem Mann zu, legt sich ins Gras und schließt die Augen. Lange Zeit hört sie nur das Ploppen der Tennisbälle und das Rutschen der Schuhe auf dem Sand. Als sie sich noch besser verstanden, hatte sie es einmal probiert, aber er hatte gesagt, Tennis sei nichts für sie, ihr fehle das Ballgefühl. Sie war sich wie eine Zumutung vorgekommen.

Sie weiß, dass ihr Mann gewinnen wird, er gewinnt immer. Er ist 57, sie 36, seit elf Jahren sind sie verheiratet. Sie fand die Perlenkette heute Morgen in seinem Bett. Sie fühlt die Kette in ihrer Hosentasche, die Perlen sind glatt und hart. Sie versucht sich die fremde Frau vorzustellen. Es gelingt ihr nicht.

Nach einer halben Stunde fährt sie mit dem Rad zum See. Im Wasser gelingt es ihr, an nichts mehr zu denken. Sie legt sich auf das warme Holz des Stegs, der Wind ist kühl auf ihrer Haut. Als die Hitze zu viel wird, fährt sie zurück zum Haus. Sie hat ihm weiße Bergpfirsiche mitgebracht, sie liegen in der geöffneten Tasche auf dem Schreibtisch.

Sie schaltet ihren Laptop ein. In einer E-Mail bittet sie der Ressortleiter des Nachrichtenmagazins nach Russland zu fahren, sie soll dort »Die Stadt ohne Drogen« für eine Reportage fotografieren. Es tue ihm leid, dass sie schon wieder losmüsse, aber es sei dringend, schreibt er, das Visum hätten sie schon besorgt. Sie ruft im Verlag an. Während sie telefoniert, spielt sie mit der Kette, die Perlen klacken auf dem Holztisch. Sie schreibt ihrem Mann einen Zettel, dass sie schlafen müsse, aber sie liegt die ganze Nacht wach.

Am nächsten Morgen steht sie sehr früh an der Einfahrt des Hauses und wartet auf das Taxi. Der Fahrer lädt ihr Gepäck in den Kofferraum, sie steigt hinten in den Wagen. Nach zehn Minuten bittet sie den Fahrer umzukehren, sie habe noch etwas vergessen. Das Haus ist dunkel, sie schließt leise auf. Sie nimmt die Kette aus ihrer Tasche und legt sie auf die oberste Stufe der Treppe. Die Perlen glänzen auf dem schwarzen Granitboden, ihre Oberflächen sind makellos. Er wird es verstehen, denkt sie, und schaltet das Licht wieder aus. Erst im Flughafen merkt sie, dass sie ihr Telefon vergessen hat, aber es ist zu spät, jetzt noch einmal zurückzufahren.

In Jekaterinburg holt ein Dolmetscher des Magazins sie am Flughafen ab und bringt sie zu der

Drogenstation. Am Rande der Stadt steht die Baracke für die Süchtigen. Es ist wie in einem alten Film über ein Kriegslazarett. Die Menschen liegen in Doppelstockbetten, es stinkt nach Knoblauch, Schweiß und Urin. Der Leiter der Station hat kurze Haare und einen Stiernacken. Nur mit Härte könne man den Süchtigen helfen, sagt er, sie würden codeinhaltige Hustenbonbons in Löffeln aufkochen und sich die Flüssigkeit in die Venen spritzen. Ihre Körper verfaulen, Haut und Knochen sind von Phosphor, Jod und Metall zerfressen, die Muskeln werden schwarz und hart. Sie nennen die Droge *Krokodil*, weil sie ihre Haut zu Schuppen verknorpeln lässt. Die Hustenbonbons sind billiger als Heroin, überall kann man sie kaufen.

Sie macht Fotos, von denen sie weiß, dass sie nichts taugen. Vor dem Wagen des Dolmetschers sitzt ein alter Mann im Regen, das Gesicht hat er zwischen den Knien. Sie holt den Übersetzer und fragt den alten Mann, warum er nicht nach Hause gehe, es sei zu kalt und er werde krank. Das Regenwasser läuft ihm über das Gesicht, er antwortet erst nicht, aber er sieht sie von unten an. Dann sagt er, das *Krokodil* habe seine Tochter gefressen, er habe sie heute gesehen, vier Tage nach ihrem Tod habe er sie in der städtischen Leichenhalle identifizieren müssen.

»Wozu passiert das alles?«, fragt er.

Es klingt wie eine wirkliche Frage und der alte Mann scheint auf eine Antwort zu warten, während es weiter regnet und das Wasser in seinen Kragen läuft. Sie überredet ihn, mit ins Hotel zu kommen. Auf der Fahrt presst er die Stirn gegen die Fensterscheibe, seine Haare sind grau und dünn.

Im Hotel lässt sie von einem Kellner Handtücher bringen, der alte Mann trocknet sich den Kopf ab und legt seine nasse Jacke auf die Knie. Er trinkt Tee und Wodka und langsam beruhigt er sich. Das Wasser tropft vom Stuhl, der Teppich wird dunkel. Der alte Mann sagt, es sei gut, mit jemandem zu sprechen und dabei heißen Tee zu trinken, das habe er schon sehr lange nicht mehr getan. Er erzählt von seiner Tochter. Ihr linkes Bein und ihr rechter Arm seien amputiert worden, die Gliedmaßen seien abgefault, aber sie habe weiter die Hustenbonbons gekocht. Sein Sohn sei im Krieg gegen die Tschetschenen umgekommen. »Typhus«, sagt der alte Mann, 18 sei er damals gewesen, ein Bub, der noch nie ein Mädchen geliebt habe. Vielleicht habe die Tochter das nicht ertragen, wer wisse das schon, sie hätten nie viel darüber gesprochen.

»Wir haben doch nur dieses eine Leben«, sagt der alte Mann und fragt, ob er noch mehr Tee und noch mehr Wodka haben dürfe. Sie möchte ihm Geld schenken, aber der alte Mann will es nicht. »Ich bin kein Bettler«, sagt er. Er habe einen Stall mit vier Hasen, seidiges Fell hätten sie, und er würde ihnen jeden Tag Salat bringen. Er wolle kein Geld, er brauche einen Menschen, der ihm das alles einmal in Ruhe erkläre, er verstehe nichts mehr.

Später bringt sie ihn nach Hause. Der Hasenstall des alten Mannes ist auf dem Dach seines Wohnblocks, er will ihn ihr zeigen. Obwohl es immer noch kalt ist, zieht er sein Hemd aus und nimmt einen Hasen auf den Arm. Der Hase sei sehr warm, er könne sein Herz rasen hören, es schlage viel schneller als das Herz eines Menschen, sagt er. Die Haare auf der Brust des Mannes sind grau, sie sind wie die Haare des Hasen und wie der Himmel über den Häusern an diesem Tag, an dem es viel geregnet hat.

In dieser Nacht schläft sie tief und traumlos. Als sie aufwacht, ist es still in dem Zimmer, die Luft ist verbraucht. Sie öffnet das Fenster. Draußen riecht es nach dem Schwefel aus den Kohleöfen der Stadt. Im Frühstücksraum nimmt sie nichts vom Büffet, von dem Geruch des Kaffees wird ihr schlecht.

Der Dolmetscher holt sie ab und zeigt ihr die Sehenswürdigkeiten der Stadt, die Kathedralen, den Zirkus, die Oper. An der Kasse eines Museums vergisst sie das Wechselgeld mitzunehmen, mehrmals antwortet sie nicht auf Fragen des Dolmetschers.

Ihr Flug geht am Abend, sie ist froh, als sie in der Maschine sitzt. Kurz bevor sie einschläft, denkt sie an die Ferien in Südfrankreich: Ihr Mann wartete auf dem Parkplatz vor dem Aussichtsturm, während sie am Kiosk Zigaretten für ihn kaufte. Er trug ein weißes Hemd, die Ärmel halb hochgekrempelt, seine Hände hatte er in den Taschen der weiten Hose. Als sie zurückkam, lehnte er mit dem Rücken an der Mauer des Turms, den Kopf im Nacken. Damals hatte sie ihn geliebt, sie hatte geglaubt, die Dinge würden gut gehen.

Am Flughafen in Frankfurt wartet ihr Bruder, sie war nicht mit ihm verabredet. »Dein Mann ist im Krankenhaus«, sagt er. Er sei ohne Bewusstsein, niemand habe sie in Russland erreichen können.

*

Drei Jahre später spielt sie auf einem Tennisturnier in dem Club ihres Mannes. Sie ist konzentriert, ihre Schläge sind hart und präzise. Sie scheint sich kaum zu bewegen, immer steht sie schon auf dem richtigen Platz, sie nimmt die

Bälle fast ohne Anstrengung an. Ihr Tennislehrer sagte, sie sei ein Naturtalent.

Später sitzt sie neben ihrem Mann auf der Terrasse ihres Hauses. Es war ein Unfall. Im Dunkeln sah er die Perlen nicht und rutschte darauf aus. Beim Sturz platzte sein Kopf auf den Granitstufen der Treppe auf, ein Schädel-Hirn-Trauma dritten Grades, Funktionen der Großhirnrinde sind seitdem gestört. Er kann kaum sprechen, nicht selbstständig essen, sich nicht waschen oder ankleiden.

Für den Abend ist Regen angekündigt, es wird kühler. Sie geht ins Haus, um eine Decke für ihn zu holen. Im Wohnzimmer über dem Sofa hängt das Foto des Mannes mit dem Hasen. Es hat einen Preis gewonnen und war auf dem Cover des Nachrichtenmagazin. Das Licht des späten Nachmittags fällt durch die hohen Fenstertüren auf das Foto, es leuchtet eigenartig hell in dem halbdunklen Zimmer. Sie zieht sich vor dem Bild aus. Dann geht sie zu ihrem Mann auf die Terrasse und stellt sich nackt vor ihn, die Arme auf dem Rücken gekreuzt. Das Einzige, was sie trägt, ist die Perlenkette der fremden Frau.

Der Freund

In meiner Kindheit war Richard mein bester Freund. Wir kamen ins Internat, als wir zehn Jahre alt waren, unsere Betten standen nebeneinander und wir beide waren zum ersten Mal von Zuhause getrennt. Er war der begabteste Junge unseres Jahrgangs. Er schrieb die besten Noten, spielte die Hauptrolle im Schülertheater, war Mittelstürmer beim Fußball und gewann sogar die Skimeisterschaften gegen die Einheimischen. Alles schien ihm leichtzufallen und jeder war gerne mit ihm zusammen. Seine Familie wohnte jetzt in Genf, aber seine Vorfahren hatten im 19. Jahrhundert die Stahlindustrie im Ruhrgebiet mitbegründet, sein Nachname stand in unseren Geschichtsbüchern.

Nach dem Abitur studierte er Geschichte am Trinity College in Oxford und später zwei Jahre

Jura in Harvard. Er zog nach New York und arbeitete dort in der Bank, die das Vermögen der Familie verwaltete. Ein paar Jahre später heiratete er auf einer kleinen Insel vor Thailand, eine Hochzeit am Strand, nur wenige Gäste. Seine Frau, Sheryl, war fünf Jahre jünger als er, sie stammte aus Boston. Bei der Trauung sagte jemand, sie sehe aus wie Ali MacGraw, und ein bisschen stimmte das auch.

Als sein Vater starb, überschrieb Richard die Firmenanteile seinem Bruder. Seine Frau und er bezogen ein Haus in SoHo, sie sammelten Kunst, gründeten eine Wohltätigkeitsstiftung und waren viel auf Reisen. Ein paarmal besuchte ich die beiden, sie waren liebevoll miteinander. Dann brach unser Kontakt plötzlich ab, sie waren nicht mehr zu erreichen.

*

Vor einigen Jahren verhandelte ich in einem Auslieferungsverfahren in New York. Mein Mandant war in eine Reihe von Finanzbetrügereien verwickelt, die Vereinigten Staaten und Deutschland hatten gegen ihn einen Strafanspruch. Nach unzähligen Anträgen und Gesprächen stimmten die amerikanischen Behörden überraschend der Auslieferung nach Berlin zu, und ich hatte einen freien Tag in New York. Ich rief Richards Bruder in Genf an. Er sagte, Richard wohne seit vier Jahren in einem Hotel, vielleicht würde ich ihn dort treffen.

Ich fuhr zu der Adresse, ein Liftboy brachte mich in den 42. Stock. Ich klingelte an der Tür und wartete lange. Es war ein teures Hotel, Marmorböden und dicke Teppichläufer, im Flur roch es nach Putzmittel und an den Wänden hingen Spiegel und goldgerahmte Bauzeichnungen des alten Hauses.

Eine junge Frau öffnete, sie hatte verquollene Augen und trug nur ein T-Shirt. Sie ließ die Tür offen stehen und ging wortlos ins Schlafzimmer. Richard lag auf einem Sofa, sein Hemd stand offen, an einer Seite war es eingerissen. Ich hatte noch nie einen so dünnen Mann gesehen. Als er mich sah, setzte er sich auf. Wie ein Kind begann er ohne Begrüßung sofort von der TV-Serie zu reden, die er gerade sah. Auf dem Tisch lagen unzählige bunte Tabletten in Cellophanhüllen.

»War eine lange Nacht«, sagte er. Sein Blick war glasig.

Er stand auf und umarmte mich, er roch nach Schweiß und Alkohol. Seine Mundwinkel waren eingerissen, seine Haut schuppig und ausgetrocknet, unter seiner Nase klebte verkrustetes Blut. Sein Kopf war aufgebläht und wirkte zu groß.

»Wir gehen raus«, sagte er. Er suchte lange seine Sonnenbrille.

Auf der Straße war es stickig. Ein Obdachloser wusch sein Gesicht unter einem Hydranten. Der Grundton der Stadt, das Rauschen der Autos, das kurze Hupen, die Sirenen der Polizei und der Krankenwagen. Wir gingen die 63. hoch, Richard stolperte immer wieder. An der Ecke zur Madison sei das einzige Diner der Gegend mit anständigem Kaffee, sagte er.

Wir setzten uns in eine Nische und warteten. Jeder schien ihn hier zu kennen. Ein Fahrer von Rockwell's Bakery brachte Toastbrote und stapelte sie in den Fächern über der Theke. Der Chef des Diners trat seinem Koch in den Hintern, weil er zu langsam war, die Gäste lachten und klatschten Beifall. Der Chef verneigte sich, der Koch grinste. Ein Kellner brachte uns zwei Pappbecher. Der Kaffee war heiß und stark. Wir gingen zurück, überquerten die 5th Avenue und setzten uns im Central Park auf eine Wiese. Richards Hände zitterten, der Kaffee lief über seinen Dreitagebart, er versuchte ihn abzuwischen und schüttete sich dabei den Rest auf sein Hemd. Mädchen in gelben East-Harlem-T-Shirts wärmten sich für ein Baseball-Spiel auf, sie kreischten wie Schulkinder überall auf der Welt. Wir sahen ihnen zu.

»Dort war es«, sagte Richard plötzlich und zeigte auf den Weg.

»Was meinst Du?«, fragte ich.

Er antwortete nicht, legte sich auf den Rasen und schlief sofort ein. Sein Mund stand offen, sein Gesicht war bleich und nass geschwitzt.

Später weckte ich ihn und brachte ihn zurück ins Hotel. Die junge Frau war nicht mehr da. Ich sagte, er müsse in eine Entzugsklinik, wenn er überleben wolle, die Drogen würden ihn umbringen. Er ließ sich auf das Sofa fallen, riss dabei eine Lampe um, versuchte sie zweimal wieder aufzustellen und ließ sie dann liegen. Es sei nicht so schlimm, sagte er, dann schaltete er den Fernseher wieder ein. Alle Süchtigen lügen.

Bevor ich ging, sprach ich mit dem Hotelmanager. Ich gab ihm Geld, bat ihn, regelmäßig nach Richard zu sehen, und hinterließ ihm die Telefonnummer seines Bruders. Ich glaubte, das sei alles, was ich tun könnte.

*

Zwei Jahre später schrieb er mir eine E-Mail. Er sei jetzt in Frankreich, ob ich ihn besuche könne. Ich kannte das Haus in der Normandie, als Kind war ich oft dort gewesen. Richards Mutter hatte damals immer mit einem Buch im Garten gesessen, eine stille, schmale Frau mit dunklen Augen, auch im Hochsommer hatte sie schwarze Strick-jacken getragen. Erst viel später hörte ich, sie habe den größten Teil ihres Lebens in einer psy-chiatrischen Klinik verbracht. In ihrem Garten über dem Meer habe ich zum ersten Mal Zitro-nen- und Orangenbäume gesehen.

Ich parkte den Wagen am Springbrunnen und ging an dem Haus vorbei hinunter in den Garten. Richard saß in dem kleinen Pavillon in einem Korbstuhl, eine karierte Decke lag auf seinen Knien. Auf dem Tisch neben ihm standen Tee-geschirr und Gebäck und eine Vase mit Quitten-zweigen. Neben dem Pavillon war ein Engel aus Bronze, verwittert, oxydgrün. Als Kinder hatten wir mit Pfeilen auf ihn geschossen.

Richards Gesicht war immer noch eingefallen, die Haut spannte sich über den Wangenknochen. Seine Haare waren jetzt kurzrasiert, er trug eine Schirmmütze aus dickem Tweed.

»So schön, dass Du kommen konntest«, sagte er. »Du bist der erste Besuch seit Monaten.«

Er sprach nicht mehr verwaschen, seine Augen waren klar und gleichzeitig sehr müde. Sein Man-tel schien ihm ein paar Nummern zu groß zu sein.

»Hast Du den Drachen gesehen?«, fragte er.

»Den Drachen?«

»Die Krankenschwester. Sie ist furchtbar streng. Mein Bruder hat sie ausgesucht.«

Wir sprachen über unsere Kindheit hier im Haus. Ich erinnerte mich an den Gärtner, der nur noch einen Zahn hatte, an unsere verbotenen Ausflüge ins Dorf und an die hübsche Tochter des Pfarrers, die sich in Richard verliebt hatte. Alle unsere Erinnerungen sind profan und alle sind heilig.

»Sie wollen, dass ich zu einem Analytiker gehe«, sagte er plötzlich.

»Wirst Du es tun?«

»Nein«, sagte er. »Es gibt nichts zu therapieren. Ich war in Genf in der Klinik, sie haben es alle versucht. Nicht noch einmal. Reden hilft nicht.«

Das Meer war grau. Es würde in der Nacht regnen, der weiche Sprühregen, den es nur hier gab.

»Rauchst Du noch?«, fragte er. »Der Drachen hat es verboten. Aber ich muss jetzt rauchen.«

Ich gab ihm eine Zigarette, er zündete sie sich an, zog daran und hustete sofort. Er lachte und drückte sie auf der Untertasse aus.

»Nicht einmal das geht noch«, sagte er.

»Ich sollte auch aufhören«, sagte ich, um irgendetwas zu sagen.

Richard legte die Füße auf einen anderen Sessel und stellte die Teetasse auf seinen Bauch.

»Ich war lange nicht mehr unten im Dorf. Mein Bruder hat die Kirche renovieren lassen, ich will sie mir ansehen. Aber ich darf nicht, der Drachen hat auch das verboten. Es klingt wie früher: *Nur in den Garten.*«

Wir lachten. Dann tranken wir den Tee, der kalt geworden war. Lange sprachen wir nicht.

»Was ist passiert?«, fragte ich schließlich.

»Erinnerst Du Dich an den alten *Tack-Tack*?«, sagte Richard.

»Natürlich.« Im Internat hatten wir unseren Deutschlehrer *Tack-Tack* wegen seines Sprachfehlers genannt, ein Jesuitenpater, der für Rilke schwärmte.

»Kennst Du noch dieses Gedicht: *Wer spricht von siegen? Überstehen ist alles.*«

»Wir mussten es auswendig lernen.«

»Es ging Rilke damals um den Krieg«, sagte Richard. »Ich bin mir nicht sicher, ob er wirklich glaubte, was er schrieb. Heute weiß ich jedenfalls, dass es Unsinn ist. *Überstehen* bedeutet nichts. Gar nichts.«

Der Geruch der Rosen, Tulpen und Maiglöckchen war jetzt sehr stark.

»Weißt Du«, sagte er, »ich mochte Sheryl wirklich gerne. Es war vielleicht nicht genau das, was *die große Liebe* genannt wird. Aber wir haben uns gut verstanden, besser als die meisten Paare, die wir kannten. Dann versuchten wir, ein Baby zu bekommen. Es ging nicht. Am Anfang machten wir Witze über uns. Aber Sheryl wurde immer ernsthafter damit. Sie legte die Zeiten fest, zu denen wir miteinander schlafen mussten, bemessen nach ihrer Basaltemperatur. Das Ganze wurde furchtbar peinlich. Wir waren bei Ärzten, wir probierten jede Möglichkeit, mein Sperma wurde untersucht, ich hörte mit dem Rauchen auf. Jedes Mal, wenn sie trotzdem ihre Periode bekam, war es eine neue Niederlage. Die Schläge wurden von Monat zu Monat härter. Von außen klingt das sicher albern, wir hatten sonst ja nichts an unserem Leben auszusetzen. Aber sie wurde immer verzweifelter, sie weinte und weinte. Wir unternahmen nichts mehr, keine Reisen, keine Konzerte, keine Ausstellungen. Wir aßen nur noch zu Hause, unser Leben wurde klein und hässlich. Sheryl wollte keinen Besuch mehr. Sie entließ sogar die Haushälterin – *ich kann diese Frau nicht mehr ertragen*, sagte sie. Und das sagte sie irgendwann über all unsere Freunde. Wenn ich auf der Straße andere Paare sah, beneidete ich sie um ihre Leichtigkeit. Ich war eifersüchtig auf Menschen, nur weil sie sich küssten oder zusammen ins Kino gingen. Nachts sah ich mir im Fernsehen Reisedokumentationen an. Kannst Du Dir das vorstellen? Ich sah mir idiotische Reisedokumentationen und Tierfilme an.«

»Ich weiß, was Du meinst«, sagte ich.

»In unserem Haus gab es ein kleines Zimmer,

nach hinten raus zum Hof. Wir haben es Büro genannt, aber eigentlich standen nur mein Computer dort und mein Sessel mit einer Lampe. Ein kleiner Junge saß dort jeden Tag im Hinterhof. Er hatte eine Katze. Stunde um Stunde kniete er auf dem heißen Beton und streichelte sie. Ich weiß nicht, wie lange ich ihm dabei zugesehen habe. Ich wollte mein Leben zurück, verstehst Du? Ich konnte Sheryl nicht verlassen, wir hatten zu viel zusammen durchgemacht und ihr ging es genauso schlecht wie mir. Ich war zu feige, ihr zu sagen, dass wir jetzt damit aufhören müssten. Aus Angst und Schuld und Dummheit machte ich mit diesem Wahnsinn immer weiter. Und dann war irgendwann dieser lange, heiße Sommer vorüber, wir waren zermürbt und müde und plötzlich ging es nicht mehr.«

»Was hast Du getan?«

»Ich habe es ihr gesagt. Ich hatte ihr versprochen, für sie da zu sein, aber ich konnte es einfach nicht mehr. Ich war nicht der Mann, den sie brauchte. Wir standen in der Küche vor dem Abendessen, das sie gekocht hatte. Wir stritten nicht und wurden nicht laut, das wurden wir ja nie, so etwas passte nicht zu uns. Sheryl sagte, sie verstünde mich, dann begann sie zu weinen, ihr grausames stummes Weinen. Sie ging ins Schlafzimmer und zog ihre Joggingsachen an. Immer wenn sie nachdenken wollte, fuhr sie mit dem

Fahrrad die ganze Strecke hoch bis zum Central Park und lief eine Stunde.«

Richard nahm sich noch eine Zigarette, wieder hustete er, aber diesmal rauchte er weiter.

»Als man sie fand«, sagte er, »war ihr Schädel zertrümmert. Sie hatte 80 Prozent ihres Blutes verloren. In ihrer Vagina fand man Zweige, Blätter und Erde. Es waren zwei Männer, 18 und 20 Jahre alt. Sie haben ihr Handy, ihre Kette und ihren Ehering mitgenommen. Wahrscheinlich wollten sie Sheryl nicht töten, es war mehr so etwas wie ein Unfall, glaube ich. Später wurden sie wegen Mordes verurteilt.«

»Das wusste ich nicht«, sagte ich.

»Sheryl hatte ihren alten Namen behalten. Die Zeitungen haben nur anonym berichtet, mein Bruder konnte die Presse heraushalten, ich weiß nicht, wie er es gemacht hat. Er ist sehr geschickt in diesen Dingen. Ich hielt noch ein paar Wochen das Leben in unserem Haus durch, Du weißt schon, Beerdigung, Formalitäten, Beileidsbesuche, das ganze Zeug. Aber dann musste ich raus aus diesem Gefängnis und aus meinem Kopf, in dem immer nur ich selbst war. Ich zog ins Hotel und begann mich zu zerstören, ich habe es ganz bewusst und systematisch gemacht. Den Rest kennst Du.«

»Warst Du bei dem Prozess?«

»Nein. Ich wollte nicht mit diesen Männern

in einem Raum sein. Ich habe die Akten von den Anwälten bekommen, auch die Fotos. Sie liegen oben im Tresor.«

Richard sagte nichts mehr. Ich hörte ihn atmen, aber ich konnte ihn nicht ansehen.

»*Du bist so weit weg*. Das war das Letzte, was sie sagte. Vom Küchenfenster sah ich, wie sie ihr Fahrrad aufschloss und die Straße hochfuhr.«

»Es gibt keine Schuld in diesen Dingen«, sagte ich.

»Ja, das sagen alle. Sie glauben, solche Sätze würden helfen. Aber wenn ich sie in den Arm genommen hätte, wenn ich gesagt hätte, wir machen das jetzt anders, oder wenn ich mit ihr einfach weggefahren wäre, würde sie noch leben. Es *ist* meine Schuld und nichts kann das ändern. Keine Therapie und keine Drogen. Sie ist weg und sie ist noch da, und beides gleichzeitig kann ich nicht aushalten.«

Er stand auf und ging vor bis zur Klippe. Ich folgte ihm. Wir sahen zusammen in die Wellen, die unten gegen die Felsen schlugen.

»Vielleicht hast Du Recht und es gibt kein Verbrechen und keine Schuld«, sagte er, »aber es gibt eine Strafe.«

Als ich zwei Stunden später ging, blieb der Freund im Pavillon sitzen, eingehüllt, bewegungslos, still. Es war das letzte Mal, dass ich ihn sah. Zwei Wochen später löste er ein paar Gramm Natrium-Pentobarbital in einem Zahnputzbecher auf und schluckte es. Niemand wusste, woher er das Medikament bekommen hatte. Er wurde in New York neben seiner Frau beerdigt.

*

Einige Monate nach dem Tag in der Normandie habe ich mit dem Schreiben begonnen. Es war zu viel geworden. Die meisten Menschen kennen den gewaltsamen Tod nicht, sie wissen nicht, wie er aussieht, wie er riecht und welche Leere er hinterlässt. Ich dachte an die Menschen, die ich verteidigt hatte, an ihre Einsamkeit, ihre Fremdheit und ihr Erschrecken über sich selbst.

Nach den 20 Jahren als Strafverteidiger blieb nur ein Karton übrig, Kleinigkeiten, ein grüner Füllfederhalter, der nicht mehr gut schreibt, ein Zigarettenetui, das mir ein Mandant geschenkt hatte, ein paar Fotos und Briefe. Ich dachte, ein neues Leben wäre leichter, aber es wurde nie leichter. Es ist ganz gleich, ob wir Apotheker oder Tischler oder Schriftsteller sind. Die Regeln sind immer ein wenig anders, aber die Fremdheit bleibt und die Einsamkeit und alles andere auch.

Inhalt